改訂版序文

2005年4月に発達障害者支援法が施行され、1[illegible]報告では、「国民の70%が発達障害を知っている」とされていますが、これは“言葉を知っている”ということであり、“言葉の意味を知っている”ということではないと思います。未だに、「発達障害って、発達に障害があるんでしょ」、「発達障害者は周囲に迷惑を及ぼして困る存在だ」などという言葉が聞こえてきます。“発達障害は特性の延長にあるものであり、幅広いスペクトラム（連続体）であり、本人や周囲が困っている際にのみ支援が必要である”、と考えられています。

日本発達障害ネットワーク（JDDnet）は発達障害者支援法が成立した際に、この法律がうまく施行されることを後押しするために作られました。発達障害の当事者・保護者団体、発達障害を支援する職能団体、発達障害の研究会・学会などから成立しています。JDDnetでは、平成19年度障害者保健福祉推進事業（障害者自立支援調査研究プロジェクト）の補助金を受けて2008年4月に『発達障害児のための支援制度ガイドブック』を作成・配布しました。このガイドブックは発達障害のある子どもさんをお持ちの保護者や関係者が、各種の支援制度を知り、利用する際の参考にしていただくことを目的に作成したものでした。大変好評であったため、これらを加筆修正し、資料を追加して2008年12月に発行・頒布させていただきました。

それから約3年半後の2012年6月、法律、制度、運用面における新設、変更を考慮して、障害者支援制度、支援機関、資料編を中心に改訂を行い、新版として発行・頒布しました。これらも在庫がほとんどなくなり、改訂版を発行・頒布することになり、この間に変更・追加された部分を反映するようにしました。また2013年5月に米国精神医学会からDSMの第5版が発刊されました。このハンドブックでは世界保健機関によるICD-10版、DSM-5版およびDSM-4版の診断早見表を資料編の冒頭に掲載しましたのでご参照ください。

実際の支援制度の利用に際しては、各地域における情報や状況を確認し、子どもさんの状況やニーズに見合った支援制度をご利用ください。本書が、子どもさん、保護者、支援に携わる方々にとって役立てば、JDDnetとして幸いです。

2015年6月

一般社団法人　日本発達障害ネットワーク　理事長

市川　宏伸

目　次

【注】本書では、障害名を下記のように使用しています。
自閉症：知的障害を伴うものと伴わないものがある
高機能広汎性発達障害：広汎性発達障害（自閉症、アスペルガー症候群など）のうち知的障害を伴わないもの
ADHD：注意欠陥多動性障害（注意欠如多動性障害）
LD：学習障害

第1章 乳幼児期

I　早期発見――1歳半健診

◆どんな時に利用する？……満1歳半になる前後の月（市町村から該当者全員に通知）
◆どこで利用できる？………保健所・保健センターで実施。地域により個別に医療機関でも可能な場合がある（ただし有料の場合もあり、要確認）
◆どんなサービス？…………身体計測・内科健診・歯科健診、保健指導（歯科・栄養）・個別相談・心理相談等
◆対象は？……………………満1歳半になった人全員（国の法定健診）
◆その他のポイント…………発達障害に関するスクリーニング検査を実施している自治体もある

1. サービスの概要

1歳半健診は、今まで赤ちゃんだった子どもが、歯も生えそろい食事らしい食事をするようになったり、転ばないで歩けたり、意味のある単語を話し始めたりと人間らしくなってきた節目の健診といえます。個人差が激しい時期ですので、一人ひとりのお子さんの多面的な発達の状態を見ます。具体的には身体測定・内科健診・歯科健診・歯磨き指導・保健指導などです。医療的には、斜視・難聴・言葉の発達を、保健的には生活習慣・行動上の問題・遊びの様子を中心に聞き取りをします。心の発達チェックをするところもあります。

2. 発達障害への対応

発達障害の症状は一般的に乳幼児から幼児期にかけて現れるといわれています。この時期、自閉症を代表とする広汎性発達障害は、言葉の出にくさやコミュニケーションのとりづらさなどで発見されることもあります。ADHDやLDはこの時期に発見するのは困難な場合が大半です。遊びの偏りや極端な不器用さなど運動面でチェックが入ることもあるかもしれません。心配ごとがある時は、あらかじめ質問事項をメモして、保健師さんに聞いてみるといいでしょう。

3. 利用のヒント

子どもの全体的な発達にアンバランスがなければ、あまり心配することはありません。この時期をすぎると始まる、第1次反抗期の意味やしつけの方法、事故防止の知識と方法などを積極的に取り入れ、来る時期に準備をしておきましょう。

またもし、毎日の生活の中で、ほかの子どもと何か違う、どこかおかしいと感じたら、細かいところでもかまわない（食事の量・アレルギー対応・離乳の仕方・かんしゃく・遊び方など）ので、メモしたり、記録をとったりして、質問してみましょう。そこで、専門機関の紹介を受けた場合は、個人差かどうかを確かめる上でも、利用してみることをお勧めします。担当の保健師とうまくいかないなと感じたら、担当を変えてもらうことも可能です。

4. 一言アドバイス

この時期に大切なことは、子どもが好きなこと、やりたいことを十分にさせることです。子どもとのふれあいをしっかりと行い、できるようになるまでちょっと待ってみるなど、少し気をつけて見届けていくことが大切です。

そうした生活の中で極端に困っていることがあれば、一人で悩まないでどんどん相談してみましょう。心が疲れているときは、ちょっとしたことで傷つくこともあるかもしれません。一所懸命になりすぎないで、ゆっくりじっくり見ていくことができるといいかもしれませんね。

Ⅱ　早期発見――3歳児健診

◆どんな時に利用する？	満3歳になる前後の月（市町村から該当者全員に通知）
◆どこで利用できる？	保健所・保健センターで実施。地域により個別に医療機関でも可能な場合がある（ただし有料の場合もあり、要確認）
◆どんなサービス？	身体測定・内科健診・歯科健診・視力聴覚検査・保健指導（歯磨き指導・栄養指導）・個別相談・心理相談等
◆対象は？	3歳児になった人全員（国の法定健診）
◆その他のポイント	発達障害に関するスクリーニング検査を実施している自治体もある

1. サービスの概要

3歳児健診は、少しずつ母子分離ができ、社会性が芽生え始め、自分の身の回りのことが徐々にできるようになってくる時期の健診です。集団生活をするのに必要な社会性や言語・運動面など基本的な発達具合を見ます。具体的には身体測定・内科健診・歯科健診・視力聴力検査・歯磨き指導・栄養指導などで、精神運動発達・生活習慣・言語発達・社会性の発達・視力聴力の状態を見ます。

子どもの発達で、最も気になる言葉の遅れや肥満・低身長などがはっきりとわかる時期でもあります。もし、医療面でのサポートが必要であれば、支援先を紹介してもらえることもあります。

2. 発達障害への対応

発達障害の症状は一般的に乳幼児から幼児期にかけて現れるといわれています。集団生活をさせたいが、極端に落ちつきがない、乱暴、我慢ができない、言うことを聞かないなど、行動上の問題や、言葉が出ない、うまく話せない、友達と関われないなど、発達障害特有の問題も明らかになってきやすい時期です。

療育センターや言葉の教室といった、集団生活の前に準備段階として母子で通園できる支援施設への案内や相談事業などもありますので、気軽に相談してみるといいでしょう。

3. 利用のヒント

生活上極端に困ることがなければ、あまり心配することはありません。子どもにとってこれからの幼児期は、基本的生活習慣・行動の発達・心の発達を獲得する上で重要な時期ですから、それらの獲得に必要な養育態度を知り、身につける絶好の機会です。

もし、毎日の生活の中でどうしてもうまくできないことや極端に苦手なことがある時、自然に任せていてもうまくいかないことが多い時（偏食・トイレトレーニング・着替え等）は、どうすればいいかを聞いてみるといいでしょう。けっしてあなたのせいではなく、生まれつき苦手なことがあるお子さんは必ずいます。そんな時は専門家に早く相談して、具体的なアドバイスをもらいながら、楽しく子育てができればいいですね。

4. 一言アドバイス

身体発育ばかりでなく、行動上の個人差も段々と目立つ時期です。ほかの子との比較ではなく自分の子の良いところを見つけ、それを認めて伸ばすようにしましょう。子どもは親の言葉や態度を見たり聞いたりして育ちます。子どもの欠点を指摘して無理に直そうとしたり、叱ったり怒ったりするより、良いところを見つけてほめる、長所を伸ばす方が子どもは育ちます。子どもの話を聞き、子どもの身になって考える養育態度が重要です。長所もあれば短所もあり、得意なところ、不得意なところがあるのは人間として当たり前のことです。

Ⅲ　早期発見――5歳児健診

（地域によって実施されていないところもあります）

◆どんな時に利用する？……満5歳になる前後の月（市町村から該当者全員に通知）

◆どこで利用できる？………保健所・保健センターで実施（実施しているかどうか市町村に要問い合わせ）

◆どんなサービス？…………身体測定・内科健診・歯科健診・集団指導等

◆対象は？……………………5歳児になった人全員

◆その他のポイント…………発達障害に関するスクリーニング検査を実施している自治体もある

1.　サービスの概要

5歳児健診は、地域によっても異なりますが、就学時健診を除いて、乳幼児の健康状態や発育・発達の定期的なチェックの最後の公的な健診です。主な項目は、内科健診・歯科健診などで、特徴的なのは「集団遊び」を通じて集団への適応力と社会性を見ることです。ここで個別支援の必要性のある子は、療育センターや医療機関への紹介をし、継続的な支援をしていくことになります。

2.　発達障害への対応

発達障害の症状は一般的に乳児から幼児期にかけて現れるといわれていますが、高機能広汎性発達障害、LD、ADHDなどの知的障害を伴わない発達障害は、3歳児健診までには気づきにくいといわれています。しかし、集団生活が軌道に乗ってきた5歳児ごろまでには、明らかに行動面や精神面での遅れや違いが目立つようになってきます。就学を控えたこの時期からの支援は大変ニーズが高く、個別や母子で支援に取り組み、安心して就学を迎えるために今具体的に取り組む課題を明確にすることが必要です。

3.　利用のヒント

集団生活の中で、同じような年齢の子どもと一緒に生活をしていくうちに自然に学習できるタイプのお子さんであれば、心配はいりません。

園の先生や親が個別に対応すれば何とかできることが増えていくタイプや1年遅れくらいで集団についていくことができれば何とかなるかもしれません。しかし、小集団や個別に対応しても、生活習慣やルールがなかなか身につかないタイプのお子さんにはやはり支援が必要です。そのお子さんの困った様子に対応できる支援体制を整えてもらうために、医療機関や療育機関、相談機関などいろいろな機関と連携をとりながら、子どもにとってより分かりやすい環境作りを心がけながら、実際にお子さんができることを増やしていきましょう。

4. 一言アドバイス

どうしても自然には学習できないお子さんや生まれつき苦手なことが多いお子さん、みんながでいないことができてしまうのに当たり前にできることができなくて困っているお子さんは、必ずいらっしゃいます。その子のせいでも、保護者のせいでもなく、生まれつきそういう個性を持って生まれただけなのです。その個性を極力早く理解し、その子が分かりやすいような支援を受けていくことが大切です。早いうちに支援を受けることで、できることが増えて自信をつけることができますし、対応方法を身につけることによってトラブルが避けられ、二次的障害を防ぐことにもつながります。

その子の持っている個性を大切にした子育てを一緒に考えましょう。

Ⅳ－① 育児不安・発達相談

発達支援センター・療育センター（地域により名称が違います）

◆**どんな時に利用する？**……遅れが気になる・動きすぎる・しゃべりすぎる・違和感がある・親の言うことが分かっていないようだ、など

◆**どこで利用できる？**………発達支援センター・療育センター・保健所・保健センター・医療機関からの紹介・障害児の親の会

◆**どんなサービス？**…………育児相談・発達検査・知能テスト・講演会・無料相談会

◆**対象は？**……………………地域住民（障害者手帳が必要な機関もあるので、要確認）

1. サービスの概要

地域によっても異なりますが、市町村の保健所や保健センターなどで、発達の遅れやアンバランスを指摘されて、療育センターや支援センターで個別相談を行っている場合が多いようです。相談内容に応じて、心理士による検査や担当の医師の診察などが受けられます。その他電話による相談でもカウンセリングをしていただいたり、育児上のアドバイスをもらえたりします。地域の広報などで告知され、育児無料相談会が開かれる地域もあります。

2. 発達障害への対応

子どもに明らかに遅れがある場合を除いて、本当の子どもの姿をつかむのには少し時間がかかり、経過観察や継続的な相談が必要です。専門家と保護者が子どもの様子を観察しながら何度も話し合ったり、お子さんの特徴や個性を一緒に相談したりしながら、徐々にお子さんの本当の姿を見つけていきます。具体的な課題に取り組むことによって子どもの苦手さや生きにくさが分かるようになると、具体的な支援方法も分かってきます。単に「様子を見ましょう」と言われたり「何かあったらまた来てください」と言われたりした場合は、「いつまで」「どんなことに気をつけて」「何を

見ればいいのか」「気をつけることは何か」など、こちらから質問をして、子どもの姿をしっかりつかむようにしましょう。具体的な指示が聞けないところでは、支援方法も浮かびません。保護者に対して具体的な課題や方策を言ってもらえる支援施設などを探しましょう。

3. 利用のヒント

支援施設や機関にはそれぞれ得意な分野があります。たとえば、体が不自由な子どもを扱うのが得意な所に、社会性が不得意な子どもを連れて行っても、あまり効果が期待できません。その施設や機関ではどんな子どもを対象にしているのかを確認してみましょう。また、世間的に評判が良くても自分の話を聞いてもらえないと感じられるような機関では、保護者の支えになりません。継続して相談をするのですから、自分の話をじっくり聞いてもらえるところを見つけましょう。

同じようなことで悩んでいる仲間を見つけることも大切なことです。同じ思いの保護者の中では自分が解放されたような気分になり、落ち着いて子どもに向き合うことができるという報告もあります。親の会を見学したり、講演会に行って話を聞いたりするのもいいでしょう。

4. 一言アドバイス

まずは保護者であるあなたの気持ちを最優先で考えます。あなたの気持ちが落ち着いて、安定できる相談機関であれば、子どもにしっかり立ち向かえます。どこかに必ずあなたに合った相談システムや支援機関があるはずです。あせらず、探してみましょう。

Ⅳ－② 育児不安・発達相談

児童精神科・小児神経科等（病院によって名称が違います）

◆**どんな時に利用する？**……遅れが気になる・動きすぎる・話がかみ合わない・違和感がある・動きがぎこちないなど
◆**どこで利用できる？**…………児童精神科・小児科発達相談・心療内科など
◆**どんなサービス？**……………診断・診察・発達検査・知能テスト・カウンセリング・言語療法・理学療法・作業療法など
◆**対象は？**………………………公的な医療機関の場合、指定の都道府県外の住民は違う機関を紹介されたりすることもある。電話・HPなどで事前に確認が必要

1. サービスの概要

児童精神科・小児神経科・子ども発達クリニック・小児科の発達相談など、各医療機関で名前がちがいますが、発達に気になる点があるお子さんを診察診断していただける医療機関です。保護者のカウンセリングやお子さんの様子によっては、いろいろな検査や言語療法によるコミュニケーション指導、作業療法や理学療法による指導なども受けられます。受けられるサービスは各医療機関で異なりますので、確認し、あてはまる機関を紹介してもらいましょう。

2. 発達障害への対応

子どもに明らかに遅れがある場合を除いて、本当の子どもの姿をつかむのには少し時間がかかり、経過観察や継続的な相談が必要です。特に幼稚園や保育所のような集団場面と家庭や診察室といった個別場面で違う姿を見せやすいお子さんは、一度で診断することが困難な場合もあります。専門家と保護者がお子さんの様子を観察し、そのお子さんの苦手さや生きにくさが分かるようになると、具体的に何をしたらいいかが分かってきます。単に「様子を見ましょう」と言われたり「何かあったらまた来てください」と言われたりした場合は、「いつまで」「どんなことに気をつけて」「何を見ればいいのか」「気をつけることは何か」など、こちらから質問をして、

子どもの姿をしっかりつかみます。具体的な指示が聞けないところでは、支援方法も浮かびません。保護者に対して具体的な課題や言葉を言ってもらえる医療機関などを探しましょう。

3. 利用のヒント

初診の時にはお子さんの生育歴を必ず聞かれますので、母子健康手帳や生まれたときから気がついていること・不思議なこと・不安なことなどをメモして持っていかれることをお勧めします。また、その機関ではどんな子どもを対象にしているのかを確認しておきましょう。世間的に評判が良くても自分の話を聞いてもらえないと感じられるような機関では、保護者の支えになりません。継続して相談をするのですから、自分の話をじっくり聞いてもらえるところを見つけましょう。

同じようなことで悩んでいる仲間を見つけることも大切なことです。同じ思いの保護者の中では自分が解放されたような気分になり、落ち着いて子どもに向き合うことができるという報告もあります。同じ医療機関にかかっている保護者のグループミーティングを開催している機関もありますので、医療機関に確認を取ってみましょう。

4. 一言アドバイス

病院によって得意分野や取り組みに差がありますので、地元親の会等で情報を得て、お子さんにあった病院を選ぶようにしましょう。

ただし、発達障害を専門とする児童精神科・小児神経科等の病院はとても少なく、人気のある病院は、初診待ちが1年以上先という例も珍しくありませんので注意が必要です。

V 幼稚園

◆**どんな時に利用する？**……3歳児から
◆**どこで利用できる？**………地域の国公立・私立の幼稚園、特別支援学校幼稚部
◆**どんなサービス？**…………3歳児以上を対象とした幼児教育
◆**対象は？**……………………3歳児以上（園により、2年ないし3年保育）
◆**その他のポイント**…………発達障害児を受け入れられない園もあるので、事前に確認が必要

1. サービスの概要

3歳児以上の幼児を対象に2年または3年間で、幼稚園教育要領にのっとったり、準じたりする幼児教育が行われる所です。幼稚園教諭とともに安定した集団生活が送れるようにいろいろなことが計画されます。直接体験や季節ごとの行事などを通して、子どもが健やかで心身のバランスのとれた発達ができるように活動をします。クラス全員で何かを作ったり、遊んだりすることが決まっている幼稚園と、お子さんの遊びたいことや興味を中心に活動をする幼稚園があります。

特別な支援が必要な幼児にサポート役（加配）の先生をつけたり、個別の課題を与えたりできる幼稚園もあります。反対に特別な支援が必要なお子さんは、受け入れていない所もありますので、確認が必要です。

2. 発達障害への対応

初めての集団生活になじむことが難しい場合や、何度教えても生活習慣が身につかないと思われている場合、家庭での様子と園での様子に驚くほどの差がある場合などは、園と相談して特別にお子さんを担当するサポート役の先生をつけていただいたり、お子さんにあったやり方を工夫してくださったりする園もあります。幼稚園の先生と話し合いを重ねながら、お子さんにあった育て方を一緒に考え、お子さんができることを少しずつ増やしていくように取り組んでみましょう。

Ⅵ　保育所

◆**どんな時に利用する?**……働きながら子育てをするとき
◆**どこで利用できる?**………保育所（保育園）
◆**どんなサービス?**…………保育一般（基本的な生活習慣・遊びなど）
◆**対象は?**……………………地域や園によって受け入れる月齢・年齢が異なるので、事前に確認が必要
◆**その他のポイント**…………長時間保育可能。障害児保育をしていない園もあるので事前に確認が必要

1. サービスの概要

受け入れ可能な月齢のお子さんを対象に、就学するまで、保育士とともに基本的な生活習慣をつけたり、自由な遊びを通じて自主性を高めたり、季節ごとに行事を通して健やかに発達できるように活動を仕組みます。特別支援の必要な幼児にも加配の先生をつけたり、トイレトレーニングや着替えの仕方などきめ細かく教えたりしてくれる保育所もあります。反対に特別な支援が必要なお子さんは、受け入れができない園もありますので確認が必要です。

2. 発達障害への対応

保護者が働いている関係でお子さんを実際に見る時間が少ない場合、保育所の先生が、お子さんに発達障害があることに気づいて、教えてくださることがあります。食事の取り方や昼寝の時の様子、遊びの偏り、友達とのかかわり方など詳しいことを聞いて、家庭でもよく見て、できることを少しずつ増やしていきましょう。

保護者の手記

「どうしたら少しでも楽に生活できるかを考えてあげることの大切さ」

［ADHDタイプの、A子さんの場合］

さち子さん（仮名・えじそんくらぶ会員）

現在中3の娘が、ADHDと診断されたのは、5歳の時でした。

生後1ヶ月健診時に外斜視があると小児科の医師に言われました。小児眼科の斜視専門の医師を紹介され、外斜視は3歳前後でわかることが多いけど、早い時期にわかった場合、脳に障害があるかもしれないと言われました。娘は、睡眠のリズムがなかなか整わず、1日中寝ている状態の子でした。ずっと寝ているのもそのせい？ 同じ月齢の子と比べ発達が遅れているのはそのせい？と悩んだ末、保健所に相談に行きました。

早期発見・早期支援と言われている現在と違い、当時は相談に行っても、気にしすぎ・大丈夫・様子を見た方がいいと言われることが多かった中で、私が相談に行った保健所の保健師さんは、とても親身になって心配してくれ、障害のある子どもが通う療育施設で発達を促す療育を受けてみませんか？と言ってくれました。でもまだ検査もしておらず障害児と決まったわけではないし、あくまでも障害のある子が通う施設だからショックを受けるかもしれないので強制ではありませんと言われました。

その場では決めかねたので、家族と相談するということで帰ってきましたが、実母に相談すると、障害児扱いするなんて失礼だと怒り、そんな所に通う必要はないと反対されました。でも主人と相談し、悩んでいるよりまずは見学に行き、考えようということになりました。保健師さんの言った通り、自分の子が障害児だと思っていない私にとっては、確かにショックな所でした。通うべきか迷いましたが、そこに通う障害を持つ子のお母さん達の明るさや、前向きに子どもを育てている姿に刺激を受け、家で1人悩むより、行動あるのみ！通ってみようと思い、1歳1ヶ月の時から療育に通うことになりました。

療育に通いはじめても気になる発達の遅れはあり、1歳2ヶ月の時に小児科で脳のCTや脳波等の検査を行いましたが全く問題はなく、様子を見ることになりました。1歳半でようやく歩くようになると、今までおとなしかったのがうそのように、目を離すとどこかに行ってしまい、追いかけるのが大変になりました。

4歳で近所の公立幼稚園に入園しましたが、集団で何かする時、踊りや歌など興味のあることには参加しますが、折り紙や絵を描くということには全く興味がなく、1人違うことをしていました。また、水が大好きで、夏のプールを楽しみにしているのですが、ある日風邪ぎみなので、今日のプールは見学ということで娘も納得したはずなのに、お友達が入っているのを見たら、入りたいという思いを抑えることができず、お友達が着替えている間に1人プールに戻り、園服のままプールに入ってしまったこともありました。

幼稚園が小学校の敷地内にあり、幼稚園の園長と小学校の校長は同じ先生だったので、小学校入学を前に園長に呼ばれ、進路について聞かれました。この幼稚園を卒園する子全員が敷地内の小学校に行くので、娘もここに通わせたいと答えましたが、園での様子を見るかぎり通常の学級は無理だと思うと言われ、就学相談を受けることになりました。結果は通常学級ということでした。

1歳時に受けた検査では問題はないと言われたけど、あきらかにまわりの子と違うし、療育センターで、娘は障害児ですか？と聞いてもここに通っている子たちとは違うと言われるだけで具体的に障害名を言われることはなく、いったいこの子は何なんだ？と思い、もう一度、今度は別の病院で検査を行ったのが5歳の時でした。でも前回同様、画像や血液の検査等では全く問題はなく、医師が療育先での娘の行動を見て、ADHDと診断されました。でも当時発達障害に詳しい医師や教員はほんの一部で、娘の診断をした医師はADHDと診断したけどこれはカルテに診断名を書く必要があるから言っただけで、今言ったことは忘れていい、子どもなんてこんなもの、こんな子は沢山いる、障害児なんて思わないで普通の子として育てなさいと言いました。

今考えると、その言葉を真に受け、普通の子だったんだ！良かった！と思ってしまった私は何て浅はかな親だったかと思うのですが、その後は、普通の子なのに何でこんなことができないの！ 何度言ってもどうしてわからないの！と娘を怒鳴ってばかりの毎日でした。そんな毎日に娘も私も主人も精神的におかしくなり、家庭も崩壊する寸前でした。でも環境を変え特別支援学級に転校させることになり、同時に私自身が娘のADHDを受容し、ペアレント・トレーニングを受けたり、発達障害を理解するため勉強をしたことで、今まで娘に行っていた接し方が間違っていたことに気が付き、娘に対し本当に申し訳なかったという思いでいっぱいになりました。

早期に療育にもつなげてもらい感覚統合的な訓練等いろいろやってもらっていたのに何の知識も持たなかった私は、これをやって何の意味があるの？と思っていたのも事実でした。でも療育を行ったことは無駄ではなかったし、むしろ娘の成長にとっては絶対に必要であったと思っています。療育につなげてくださった保健師さんにはずっと感謝しています。また、障害名にこだわらず、目の前で困っている自分の子どもを理解し、どうしたら少しでも楽に生活できるかを考えてあげることの大切さを痛感しています。

保護者の手記

「毎日毎日の小さな積み重ねが大切」

［ADHDタイプのB君の場合］

ゆう子さん（仮名・えじそんくらぶ会員）

「男の子って元気でいいよね」。走り回る息子を見て、女の子を持つお母さんが多かった公園のママ友達は、みんなそのように言いました。その頃、初めての子どもということもあり、言葉が少し遅いと気にしていた私は、小児科の先生や出産した病院に、毎月のように健診に連れていったものです。そこでも「男の子はこんなものです、元気です、問題なし」と、ニコニコと言われました。

でも、違いました。息子には障害があるかもしれないということがわかったのです。それは息子が3歳のときでした。

みんなに「男の子はみんなそう」と言われても納得できなかった私は、保健センター（当時の保健所）に自分の不安を話しました。センターでは専門の相談員のいる日を渋々ながらも予約してくれました。当日相談が終わると、相談員は「心配ないと思いますよ」と息子の方を見ながら言いました。が、何気なく息子が作った積み木の作品を見て「これはH君が作ったの？」と相手をしていた職員に確認し考え込んだ末、「大丈夫とは思いますが」と言いながら2箇所の療育機関を紹介してくれました。そして付け足すように「私はこちらの方を勧めますけれど」と民間の方を指差しました。まだまだ何も知らなかった当時の私は、迷わずその勧められた方を早速予約したのはいうまでもありません。もしもこの保健師さんがこの日の担当でなければ大袈裟かもしれないけれど、息子の人生は大きくかわっていたことでしょう。そのくらい当時は早期の発見は難しく個々の保健師さんの力量によって大きく左右されたのです。いえ、多分今でもそうなのかもしれません。

先日、息子の小さい頃のビデオが出てきて懐かしく観ていました。その短い時間の様子からは親の私でも、とても障害があるようには思えない一場面でした。いくら専門家とは言え、短い健診時間で日常の些細な様子を見たこともない全くの他人がその子の障害を見抜くのは、余程の経験と目が必要になってくるのかもしれません。息子に関しては息子が作った作品が「見事すぎる」ということだけが決め手になりました。偶然、幸運、出会いが全て一致した結果でした。

紹介された療育機関では、少人数制の幼稚園をまた紹介され、そこで3歳児保育から入園し、こじんまりした中で幼稚園生活を送ることになりました。療育に関しては、必要ないのでは？と言われ、しばらく幼稚園のみで過ごしてきました。それでも、5歳児年齢になるとやっと、就学に関して不安も出てくるだろうということで、週1回のプレイというものに入れてもらいました。確かに息子のようなタイプのお子さんは同じグループには殆どいませんでした。しかも、そのグループの中で席についていられないのは息子だけで、正直私はとても肩身の狭い思いをしたものです。先輩のお母さんたちは「小学校に入る頃には座っていられるようになるよ」と慰めてくれたのを今では懐かしく思い出されます。何の知識もなくはっきりした診断もまだなかったあの当時、息子にとって何がよくて何がよくないのかわからないままの見切り発進だったようにも思えます。そして、周りの大人たちも「あまり見たことのないタイプの障害児」に右往左往しながらも対応してくれていました。その中で息子にとってよかったのは、まずは肯定してもらったことではないかと思います。

それは療育機関の先生が、幼稚園に様子を見に来てくれたときのことです。園庭のプルーンの実を取って先生に渡したのだそうです。「本来なら『また勝手なことして』と言われることでも『食べさせてあげたい』という優しい気持ちの表れであり、気持ちを認めてくれる場所なのでしょう」と記録簿に書かれてあるのを読ませて頂き、子どもの小さな行動一つ一つに理由があり、その背景にあるものも汲み取ってくれる環境に改めて感謝したものです。子どもに教え込むばかりではなく、その子ども自身に共感しながら進む姿勢が、幼稚園や療育機関にあったのではないかと思います。そして、何より親への支援がしっかりと確立できていたことが、前に進む

きっかけになったのでしょう。子どもへの支援も大切ですが、右も左もわからない頃の親へのサポート体制もとても大切なものです。

あの頃のあの環境がなければ、今のように明るく天真爛漫な息子はいないでしょう。

さて、その療育の場ですが、日常の場と切り離して考えることはできません。幼稚園、学校、そして家庭との連携があってこそ、またその日常生活に応用され生かされてこその療育機関であるかと思います。毎日毎日の小さな積み重ねはどんな立派な療育の場にも勝るとも劣らないものになります。週1回、そこの場所に行くだけでは本人や家族のためにはならないでしょう。

そして、できれば、そういったサポートの場が線になって将来へと繋がることを願ってやみません。

保護者の手記

「色々な方に支えられて」

[アスペルガータイプのY君の場合]

てる子さん(仮名・アスペ・エルデの会会員)

結婚して6年目。不妊治療を重ねようやく手にしたわが子。11歳になって本人にアスペルガー症候群と告知され、まだ不安定な状態ですが、仮の宿から安定の場所でなんとか親子3人がんばっています。

結婚時、主人は営業、私はグラフィックデザイナーとして共働きをしながら子宝に恵まれるのを心待ちにしていましたがなかなか授かることができませんでした。しかし転勤先で不妊治療が功をなし、この世に誕生してくれました。今から思うと、兆候はすでに生後1ヶ月には出ていました。里帰り出産でしたがとにかく寝ない赤ちゃんでした。昼も夜も夜中も寝ないのです。見かねた2歳上の姉がわが子をおぶって、私を昼間寝させてくれるほどでした。

この後、いかにこのタイプの子どもに環境の変化が強い影響を与えるか、思い知らされる事件が起きます。主人はひとりっこ。義父母にとっては初孫。主人に彼の実家で1ヶ月だけ暮らしてやってくれないかと頼まれ、子どもと主人の実家へ。その夜から夜泣きが始まりました。ミルクを与え、ベッドにもどすとまた大泣き。気がつくと朝の6時でした。主人のいないところでわが子と格闘の日々。私の母が見るに見かねて、実家に戻ると、あれだけすさまじかった夜泣きがピタリとやみました。

[大阪で…]

その後、主人の勤務先の大阪へ戻ることになり、不安いっぱいの予想は大当たり。1歳を過ぎる頃には、ひどい癇癪をおこし、ところかまわず後ろにひっくり返る。走り出したら止まらない。散歩も手をふりほどき、そこに何があっても気にもせず、ものすごい力で走る。花や虫や砂遊びには目もくれずひたすら走り、公園でブランコに乗り、また走る。「何かが違う？よその子とどこか違う？」漠然とした不安の中、1歳半健診で保健師と個人相談中、息子が積み木を投げつけ癇癪がおこりました。保健師は大声で「何！この子！物をなげるなんて！うるさいから泣き止ませなさい！」と強い口調でにらみつけ、退席しました。残された私はパニック状態の息子を抱え、泣きながら自宅まで帰りました。

[東京で…]

そんなとき主人が東京へ転勤。ここで2歳になる息子は、多くの支援を受けることになります。電話帳から区の障害児支援センターを訪れ相談を受けました。このセンターの働きかけで近くの保育園へ入園させてもらうことができました。保育士さんが親身になってくれ、連絡帳も丁寧に記されており、「なんだ、息子は普通より過敏なだけだったんだ」と思うほどでした。しかし、現実には母の知らぬところでしっかりした支援がありました。息子が早く園に行きたがったので、10分前に園に連れていくと園長が困り顔に…。なんと、息子には保育園から区に加配の先生の手配がしてあったのです。このように支援を受けつつ、ホッとしたのもつかの間、主人にまた、転勤命令が。いつもこれからというときに転勤は子どもと私の小さな希望の芽をつんでいきました。

[熊本で…]

今度は行ったこともない熊本に。ダンボールが運び込まれた日から子どもの夜泣きが始まりました。引越し2日前。夜中突然のパニック。泣き叫び口の中に手を入れ吐き、救急病院へタクシーで搬送。朝、引越し業者がきて運び出し。保育園に事情を話し、ぎりぎりまで預かってもらいました。今でも保育園の先生方に感謝がたえません。熊本についた途端、息子はかぜと高熱を出し初日から病院に駆け込む状態でした。2歳半近くになるのに単語とクレーン現象、外出するのに決まった電車のおもちゃがないとだめ、おむつもとれない、哺乳瓶も離せない、変わらぬ癇癪。この子がなんでこうなのか知りたいと思いました。姉が「もしかしたら？」と1冊の本を買ってくれました。私は「自閉症」というワードを誤解しており、とりあえず2語文も出るし、笑うし、遅れは感じるがまさか「自閉症」はないでしょう、と自分で判断していました。しかし、冷静に同じ年齢の子どもと比較してみるとあまりの発達の違いに愕然としました。電話帳で調べ、市役所の福祉課に足を運び、熊本のある病院の「小児発達科」に予約をして受診しました。6時間待った挙句、その医者はめんどくさそうに状態を聞き、難しい医学用語を並べ立て、「薬でなんとかするしかない」「まだ2歳半のわが子に薬なんて…」と不安を口にしたら、「じゃあもうこなくていい！」と投げやりな言い方で席を立ったのです。仕方なく薬をもらい、服用させてみてもかえって癇癪の回数が増え外出さえできなくなりました。そのうち、私に心身の変調がおこり、朝起き上がれなくなりました。そんなとき、熊本大学病院の友田先生という女医の先生と出会いました。3人のお子さんを育て現役でがんばっている方で、この方に言われた一言が今も心の支えになっています。「お母さん、つらかったね。がんばってるよ。お父さんも来てくれたんだね」もう、嗚咽しかでませんでした。そして、発達センターと、出水幼稚園という特別支援学級がある幼稚園が私たちを支えてくれました。息子が「カメ先生」と呼ぶ園長先生が、温かいまなざしで「この部屋いつ来てもいいよ」と。センターの先生方は私に「休んどりんしゃい。子どもは面倒みるけん。あんた達（母親）は心をゆるめんとね」と。転勤族で友人らしい友人もいなかった私は週に1度の来園日が心待ちでした。不安で頼る人がないと言うと、「電話かけてきんしゃい。誰か手があいとったら息子をみとるけん、医者もいるけんね」と、家族以上に助けてくださいました。わが子が障害児であっても、どんなにつらい育児もがんばろうと思い、息子に手を上げたくなるときも、この友田先生、出水幼稚園、熊本発達センターの先生方の存在が私を思い留まらせてくれました。

熊本も広く、センターに来るだけでも3時間もかかり、大変なお母さんが多くみえました。そのとき東京ではすでに区で療育が当たり前で、大阪では健診すら機能せず、熊本では施設が足りない。市役所の対応、発達障害の認知、狭い日本でどれほどの隔たりがあるのかと思い知らされました。次の異動が決まったとき、私は主人に単身赴任を頼み、実家へ帰らせてほしいと頼みました。子どもの安定した療育の場がほしかったのです。子どもと実家近くのアパートでの暮らしがはじまり、あいかわらずの子どもの自傷行為と戦っていました。病院で「高機能自閉症」と診断書を読み上げられ、はじめて診断名を知りました。自閉症？何それ？それからはもう眠れない・食べられない日々が…。

[名古屋で…]

救いはアスペ・エルデの会の先生と出会い子どもの今後が見つけられたこと。3年9ヶ月かけてようやくたどりつきました。環境が変わるたび、過敏になっていく息子。辻井先生に「転勤がこの子をここまでつらい目にあわせた」といわれた日、私は主人に「私と子ども」「仕事」どちらかの選択をしてくれと迫りました。主人は、子どもと私が大事と戻ってきてくれました。閉鎖的で理解のない人たちに悩む私を支えてくれたのは姉と姉の子ども達、そしてアスペ・エルデの会の保護者の方達でした。新しい環境を作り上げる大変さ、所変われば支援の質も違う。外に出て多くの現実を知りました。あれから8年近くたち、少しは地域差が縮まったでしょうか？

転勤族で障害を抱えているお子さんをお持ちの方、地方の支援を調べインターネットで検索し自ら動きましょう。必ず、助けてくださる人はいますから。

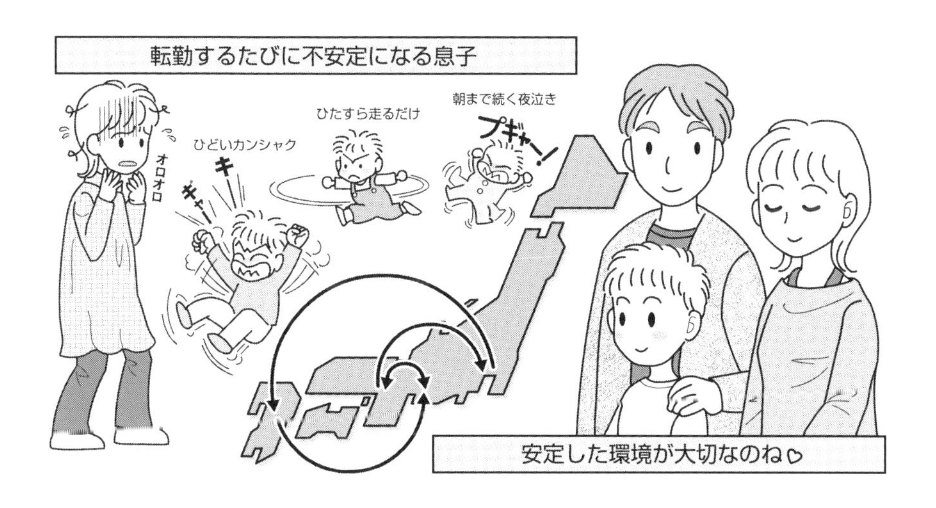

［トピックス］発達障害者支援に携わる専門職①——心理士

◆どんな資格……………………団体、学会が認定する資格*。○○心理士、△△カウンセラー等を使用することが多く、発達障害関係での主な資格としては臨床心理士、学校心理士、臨床発達心理士、特別支援教育士等がある

◆どんな分野の専門家？………心理学・臨床心理学を基礎として、心理・発達アセスメント、発達支援、カウンセリング、地域での支援などを行う

◆有資格は何人？…………現在、20種近い心理関係資格があり、合計すると約10万人といわれている

◆どんな所で活躍している？……医療・保健、教育・発達、福祉、司法・矯正（法務・警察・消防・防衛）、産業（労働）など、様々な領域で活動している

＊現在、汎用資格としての国家資格化の動きが進行中。名称としては公認心理師が提案されている

1. 心理士とは

様々な心理・発達検査の実施、生活や遊びの場面などの行動観察、また当事者・家族・当事者に関わる人々への面接を行い、当事者の現在の心理・発達の状態を的確に把握します（アセスメント）。そして、どのような支援が今、必要かを判断し、適切な方法を用いて、直接当事者に個別に支援を行ったり、小集団による支援なども必要に応じて行います。また、学校・施設・家庭などへの巡回訪問によって、当事者に関わる家族・教師・施設職員などへの支援（コンサルテーション）も行います。教師・保育士・保健師・言語聴覚士・作業療法士など関連する専門職と連携をしながら、チームで支援することも多い職種です。

2. 心理士の活動領域

病院・診療所・発達クリニック・精神保健福祉センター・保健所・保健

センター、保育所・幼稚園、認定子ども園、子育て支援センター、児童家庭支援センター、児童相談所、乳児院・児童養護施設、通園・入所施設、学童保育所、障害者地域作業所、障害者施設、高齢者施設、小・中・高等学校、特別支援学校、特別支援学級、通級指導教室、教育相談室、大学学生相談室、発達障害者支援センター、ハローワーク、障害者職業センター、企業内カウンセラー、若者サポートステーション、矯正機関、警察少年センターなどです。

3. 心理士と発達障害

発達障害の心理・発達アセスメントは心理士の重要な役目です。認知、社会性、運動、言語など人間の様々な側面について、総合的にアセスメントします。自閉症児者、ADHD、LDの方々は独特な認知の特性、コミュニケーションの特性などがあります。どのような点が得意で、どのような点が苦手かを心理・発達検査や、行動観察、また面接によって分析し判断します。そして、得意な面を伸ばし、苦手な面を補うような支援を行います。当事者への直接的な支援だけでなく、家族や教師、職場の同僚、地域の人々など本人と関わる人々への支援も含め、より豊かな関係作りを支援します。そして発達に懸念を感じ始める乳幼児期から、学齢・思春期、成人期にかけての生涯発達を、他の様々な専門職種と連携しながら支援しますが、その際にも、心理士は重要な役割を果たします。

4. 保護者の体験談

高機能自閉症の息子のトラブルで、臨床心理士の先生とのエピソードです。彼は特に女の子から嫌がられているのがわからず、困っていました。先生は彼とじっくり話をし「女の子を見たい」という気持ちを理解しつつ、複数の提案をされました。

①好きなアニメカードを見る。
②女の子の名前をノートに書く。
③女の子を見たらすぐに顔をそむける。

とかく私たちは目の前のことを止めさせようとしがちですが、その行動自身を止めるのではなくて、その行動に代わる別の行動を教えるのです。私には、考えもつかない発想でした。

うまくいったのが③です。息子の動きはぎこちなくかなり不自然ですが、いつでもどこでも実践できました。パターンがわかれば繰り返しは得意です。息子は落ち着くようになりました。

先生は障害の特性を理解し、子どもに合わせた適切なアドバイスをくださり、検査をし、具体的な手立てを示してくださいます。また、親の気持ちの整理の仕方にも相談にのってもらえます。心理士の先生に感謝の毎日です。

［トピックス］
発達障害者支援に携わる専門職②——特別支援教育士

◆**どんな資格？**……………LD・ADHD等に関するアセスメントと指導に関する専門資格
◆**どんな分野の専門家？**……………心理・教育分野。特にLD・ADHD等の発達障害や特別支援教育に関すること
◆**有資格は何人？**…………2014年4月1日現在の有資格者数は、特別支援教育士（S.E.N.S）：3,881名、特別支援教育士スーパーバイザー（S.E.N.S-SV）：359名、計4,240名
◆**どんな所で活躍している？**……………医療・福祉・教育・心理等の様々な領域

1. 特別支援教育士とは

学会連携資格「特別支援教育士（S.E.N.S）：Special Educational Needs Specialist」は、特別支援教育士資格認定協会が認定するLD・ADHD等のアセスメントと指導に関する専門資格です。

S.E.N.Sの資格を取得するには、次の条件を満たすことが必要です。

①連携学会の正会員であること（日本LD学会〔主幹学会〕、日本教育心理学会、日本学校教育相談学会、日本カウンセリング学会、日本学校心理学会）
②LD・ADHD等の関連職種に所定の時間従事していること
③本協会が主催する養成セミナーを受講して規定のポイントを修得すること

現カリキュラムでは、＜概論＞、＜アセスメント＞、＜指導＞、＜特別支援教育士の役割＞、＜実習＞の5つの領域から合計36ポイントを修得することになっており、大学院の現職教員研修等における養成ポイントへの振替認定も行っています。

資格取得に関心のある方は、「特別支援教育士資格認定協会」のホーム

ページをご覧ください。

2. 特別支援教育士の活動領域

この資格を取得した方は、医療・福祉・教育・心理等の様々な領域で活躍しています。特に教育の分野では、各学校の特別支援教育コーディネーターや各地域の専門家チームの委員や巡回相談員としてLD・ADHD等のある子どもたちのアセスメントや個別の指導計画の作成を行っています。

現在、関東・関西で開催されている養成セミナーには、学校の教員をはじめ医師、看護師、臨床心理士、言語聴覚士、保育士など、発達障害児・者の支援に関わる専門職の方々が全国から数多く参加し、資格取得を目指しています。

3. 特別支援教育士と発達障害

S.E.N.Sは、LD・ADHD等のある子どもたちに対するアセスメントを行い、それに基づいて個別の指導計画を作成し、個々の認知の特性に応じた支援を行うことができます。

また、S.E.N.Sをはじめとする周囲の人たちに指導助言でき、その地域の特別支援教育のリーダーとなりうる人材をS.E.N.S-SVとして資格認定しています。S.E.N.S-SVは、特別支援教育に関する啓発活動や周囲の人たちへの指導助言、地域における支援体制の構築と推進、「S.E.N.S養成セミナー」や各地域における研修会の講師を務めることなど、個人的な研究・実践活動を超えた社会的リーダーシップと高度な専門性を持ち、特別支援教育の「真のプロフェッショナル」として各地で活躍しています。

4. 保護者の体験談

K先生に初めてお会いしたのは、息子が小学校4年生のときでした。算数につまずきやすい特徴のあった息子の週1回の個別指導を受け持ってくださったのが出会いの初めでした。

K先生は、母親である私とも面談して、家での様子や、困っていることを聞いてくださって、一緒にどうしたらよいか考えてくださいました。ご指導の算数の工夫はすばらしく、「九九の表を見てもいいよ」と言って割り算の指導をされたときには私は目からうろこが落ちる思いでした。

しかし、息子が一番嬉しかったのは、理解してくださる先生に出会えたことのようです。「何でできないの？」と叱ってばかりいた私でしたが、先生の工夫と理解する姿勢に感動すると共に、私の子どもを見る眼も変わってきました。先生が特別支援教育士の資格をお持ちで、専門の勉強を積まれた方だとわかったのは、他校に転任された後のことでしたが、今でも先生の工夫を生かして、息子は宿題に取り組んでいます。

第2章

小中学校期

I　就学児健診

◆どんな時に利用する？　…就学前年度の11月30日までに行われる
◆どこで利用できる？　………各区市町村教育委員会
◆どんなサービス？…………健康診断と知能検査
◆対象は？　……………………翌年4月に小学校入学を控えた児童全員
◆その他のポイント…………個別相談を勧められる場合もある

1. サービスの概要

就学時健診では、身体の疾患や、知的発達の度合いが検査されます。健常児であれば小学校普通学級に就学しますが、心身に障害がある児童の場合、特別支援学校、もしくは小学校の特別支援学級に就学するよう指導される場合が多いです。なお、健診以前にも6、7月ごろから障害のある児童を対象とした就学先を決定するための就学相談が行われています。健診後、1月31日までに、就学先が各家庭に通知されます。

2. 発達障害への対応

就学時健診は初めての場合、どうなることかと心配される方が多いと思います。しかし、LD等の知的障害を伴わない発達障害の場合は、言語に遅れがある場合を除くと、あっさり通過してしまう場合が大半です。

3. 利用のヒント

就学時健診は、本来、お子さんの入学について不安や心配ごとがあった時、市町村の教育委員会が就学時健診に伴って別途相談に乗り、お子さんの発達状態にあった学校の紹介等をするものですが、場合によっては、希望とは異なる学校への入学を強く勧められる場合もあります。

そのような場合は、お子さんの一番の理解者は保護者なのですから、「わが子に関する一番の専門家は保護者である自分」であることに自信を持って、お子さんの未来を見据えて、行政の担当窓口の方の専門的な意見もしっかりと受け留めたうえで、じっくりと話し合ってみることが大切です。

Ⅱ　特別支援教育とは？

◆どこで利用できる？………幼稚園、小学校、中学校、高等学校、特別支援学校など
◆どんなサービス？…………子ども一人一人のニーズに応じた教育
◆対象は？……………………18歳未満の子ども
◆その他のポイント…………各学校に、校内委員会を設置、特別支援教育コーディネーターを配置

1. サービスの概要

特別支援教育とは、「障害のある幼児児童生徒の自立や社会参加に向けた主体的な取組を支援するという視点に立ち、幼児児童生徒一人一人の教育的ニーズを把握し、その持てる力を高め、生活や学習上の困難を改善又は克服するため、適切な指導及び必要な支援を行うもの」（文部科学省の報告書より）とされています。

また、特別支援教育は、特別支援学校や特別支援学級だけで行われるものではなく、幼稚園、小学校、中学校、高等学校等の通常の学級においても、発達障害のある子どもを含め、障害により特別な支援を必要とする子どもに対して実施されるものです。子どもの可能性を最大限に伸ばすことを目指し、平成19年度から正式に制度化されました。

2. 発達障害への対応

小学校・中学校・高等学校等での支援は、自閉症、高機能広汎性発達障害、LD、ADHDを持つ児童も対象としています。

◉「通常の学級」では、基本的には40人学級の中で学びますが、少人数指導や習熟度別指導などによる授業を行う場合や、支援員がつくなどによる支援を受けることもできます。

◉「通級による指導」（小学校・中学校）は、基本的には通常の学級に在籍しながら、お子さんの状態に応じた特別な指導を週1～8単位時間、特別な指導の場での少人数ないし個別の指導を受けます。障害の種別として、自閉症、LD、ADHD、情緒障害などがあります。

◉ 「特別支援学級」(小学校・中学校)は、通常の小中学校の中に特別の学級が設置され、その学級に在籍して、障害の種別ごとの少人数学級で、障害のある子ども一人一人に応じた教育を受けます。

各学校には、「特別支援教育コーディネーター」が指名され、保護者からの相談を受けたり、校内の調整を行ったり、校外の福祉機関などの関係機関との連絡・調整を行ったりして支援を行っています。

各学校では「校内委員会」を設置して、支援の方法を検討するなど、学校全体で障害のある子どもを支援します。

3. 利用のヒント

学校に、配慮や支援を求める必要がある時は、まず担任の先生に相談してみましょう。保護者にとっては、勇気のいることですが、お子さんにとって学校生活がうまくいくことはとても大切ですので、ポイントを絞ってじっくりと話し合うことが必要です。

担任の先生とうまくいかない場合もありますが、そのような場合は、特別支援教育コーディネーターや養護の先生、通級やことばの教室などの先生などを交えてお話ししてみる方法もあります。不満や不安は多々あるかと思いますが、立場は違えども子どもを思う気持ちは先生も同じです。小さなことにも感謝する気持ちを忘れず、少しずつ小出しに要望を伝えていきましょう。

Ⅲ　特別支援学校

◆**どんな時に利用する?** ……障害のある子どものための、特別の教育を受ける場合
◆**どこで利用できる?** ………特別支援学校は、都道府県立が大半である
◆**どんなサービス?** …………子ども一人一人に応じた教育を受けられる
◆**対象は?** ……………………障害の程度が比較的重い児童生徒
視覚障害、聴覚障害、知的障害、肢体不自由、病弱・身体虚弱
◆**その他のポイント** …………地域の特別支援教育のセンター的役割もある

1. サービスの概要

特別支援学校とは、障害の程度が比較的重い子どもを対象として専門性の高い教育を行う学校です。幼稚園から高等学校に相当する年齢段階の教育を、幼稚部・小学部・中学部・高等部で行います。専門性の高いスタッフと充実した施設で、一人一人に応じた「自立」を目指した指導を行います。

2. 発達障害への対応

LD、ADHD、高機能広汎性発達障害等の知的障害を伴わない発達障害の場合は、本来的には特別支援学校（知的障害）の対象にはなっていません。知的障害を伴う自閉症の場合は、知的障害として対象になっています。ただし、地域によってはその運用に差がありますので、地域の教育委員会や特別支援学校に確認してみることをお勧めします。

また、特別支援学校は、地域の特別支援教育のセンター的機能として、地域の小・中学校等に対する助言・援助や、相談等を行っています。

3. 利用のヒント

地域の特別支援教育のセンター的役割を果たすことが期待されており、お子さんが地元の小中学校に通っている場合は、地域の相談機関のひとつとして利用することが可能な場合もあります。地域によって異なる場合もありますので、地域の特別支援学校に直接問い合わせてみてください。

Ⅳ 特別支援学級

◆どんな時に利用する？……知的障害、言語障害、情緒障害などがある場合
◆どこで利用できる？………設置のある小中学校
◆どんなサービス？…………子ども一人一人に応じた教育を受けられる
◆対象は？……………………知的障害、肢体不自由、病弱・身体虚弱、弱視、難聴、言語障害、情緒障害

1. サービスの概要

特別支援学級（小学校・中学校）では、障害の種別ごとの少人数学級で、障害のある子ども一人一人に応じた教育を行います。特別支援学級は、学校によって、個別支援学級、なかよし学級、ひまわり学級など、様々な呼び方があります。通常の学級は、定員40人ですが、特別支援学級は生徒数1人からでも編成でき、標準は8人となっています。ただし、学校によっては、数人程度集まらないと編成しない場合もあります。

2. 発達障害への対応

知的障害、肢体不自由、病弱・身体虚弱、弱視、難聴、言語障害、情緒障害を持つ児童生徒を対象としていますので、これらとの重複障害がないLD、ADHD、高機能広汎性発達障害等は対象になっていません。ただし、知的障害、言語障害、情緒障害などがある場合は、対象となる場合もあります。

3. 利用のヒント

特別支援学級の場合、在籍が通常の学級ではなく特別支援学級となるため、どちらを選ぶべきか、保護者もお子さんも悩むケースがあります。しかし、最近は、特別支援学級に在籍しながら、教科によって通常の学級で学ぶなどの交流教育が盛んに行われるようになってきました。以前のように通常の学級か特別支援学級かという二者択一だけではなく柔軟な対応も可能となってきています。地域の学校の様子を調べて、お子さんにあった学級を選択するようにしましょう。

V　通級指導教室（LD、ADHD、自閉症、ことばの教室）

◆**どんな時に利用する？**……LD、ADHD、自閉症、言語障害、情緒障害などがある場合
◆**どこで利用できる？**………設置のある小中学校
◆**どんなサービス？**…………個々にあった特別の指導、訓練を受けることができる
◆**対象は？**……………………言語障害、情緒障害、自閉症、弱視、難聴、高機能広汎性発達障害、LD、ADHD
◆**その他のポイント**…………LD、ADHDは、平成18年度から新たに通級指導教室の対象になった。同時に、自閉症は情緒障害から独立して、単独の障害種となった

1．サービスの概要

校内もしくは近隣の学校内に設置されており、通常の学級に在籍しながら、週に1回から2回程度通い、お子さんの苦手とする部分に対して小集団ないし個別の指導を受けることができます。

2．発達障害への対応

各教科などの学習を通常の学級で主として行いながら、個々の障害の状態に応じた特別の指導を通級指導教室で受けることができます。

地域や学校により異なりますが、読み書きなどの認知能力の偏りや弱さの改善、概念の習得をすることができます。また、人との関わり方やコミュニケーションの取り方、集団の中のルール理解、場面や状況に合わせた行動のコントロール等など、社会的スキルも学ぶことができます。

通級する児童生徒は、情緒の発達にアンバランスがある場合や、対人関係や社会性、行動面等に問題を抱えているため、学級集団の中で適応困難の状態にある場合なども見られます。

通級指導教室では、個々の障害の克服・改善と毎日生活している環境への適応を目標として、一人一人の能力や状態に応じて個別の指導計画を立て指導を行います。自立活動の内容を中心に、必要に応じて各教科の補充

指導を小集団または個別の形態で行います。小集団指導では、人との関わり方やコミュニケーションの取り方、集団のルール理解、場面や状況に合わせた行動のコントロール等、社会的な能力に関する指導を行います。

3. 利用のヒント

聞く、話す、読む、書く、計算するなどの学習面や、集団生活におけるルールの理解や、場や状況を読むといった社会的スキルの習得等を小集団ないし個別に指導してもらえる教室です。お子さんの状態に合わせて、苦手な部分の克服に取り組むことができます。

LD、ADHD、自閉症を対象とする教室には、発達障害に関する専門的知識を備えた教員が配置されていることが多く、通常の学級では対応できないような、保護者の細かな要望に対して柔軟に対応してもらえることが期待できます。

また、お子さんが通級指導を受けている間等に、保護者との懇談の場を設けている教室もありますので、こまめに連絡をとり、お子さんの成長に合わせた指導を行ってもらいましょう。

Ⅵ　特別支援教育コーディネーター

◆**どんな時に利用する？**……学校内での悩み、トラブル相談
通級指導教室等での個別対応を望むとき
◆**どこで利用できる？**………各小中（高等）学校
◆**どんなサービス？**…………保護者に対する相談窓口、校内外の関係調整
◆**対象は？**……………………発達障害を含め障害のある児童生徒

1. サービスの概要

特別支援教育コーディネーターは、学校内の協力体制を構築するとともに、小・中学校、特別支援学校と関係機関との連携協力体制の整備を図ることを目的として、各学校に原則一人が指名されています。具体的な役割として、学校内の関係者や関係機関との連絡・調整や、保護者に対する学校の窓口として機能することが期待されています。一方、特別支援学校の特別支援教育コーディネーターは、地域支援の機能として、小・中学校等への支援や、地域内の特別支援教育の核として関係機関との密接な連絡調整が期待されています。

2. 発達障害への対応

特別支援教育コーディネーターは、発達障害のある児童生徒の発達や障害全般に関する一般的な知識を備えていて、児童生徒、保護者、担任との相談などを行うことが期待されています。特別支援教育コーディネーターは、協力関係を推進するための情報収集や情報共有、交渉、連絡、人間関係の調整などを行い、校内における特別支援教育体制の構築を行います。

3. 利用のヒント

特別支援教育コーディネーターは、保護者に対する相談窓口であり、校内の関係調整を行う役割を持っています。特別支援教育コーディネーターに間に入ってもらうことによって、子どもへの支援、対応が潤滑になり、良い関係を築いていくことができます。担任の先生に言うのはちょっと…という時など、相談してみるのはいかがでしょう。

Ⅶ　特別支援教育支援員

◆**どんな時に利用する？**……幼稚園、小中学校、高等学校において、担任教論の他に、介助や学習支援が必要な場合
◆**どこで利用できる？**………幼稚園、小中学校、高等学校
◆**どんなサービス？**…………障害のある児童生徒に対し、教員の指示の下で学校における日常生活動作の介助や、学習活動上の支援を行う
◆**対象は？**……………………幼稚園、小中学校、高等学校において支援ニーズのある幼児・児童・生徒

1. 特別支援教育支援員とは

特別支援教育支援員は、障害のある児童生徒に対し、食事、排泄、教室の移動補助等学校における日常生活動作の介助を行ったり、発達障害の児童生徒に対し学習活動上のサポートを行ったりするもので、平成19年度から配置が始まりました。平成23年度では、38,800人（幼稚園=4,300人、小・中学校=34,000人、高校＝500人）が配置されています。

2. 特別支援教育支援員の活動領域

特別支援教育支援員の活動領域の主なものは下記とされていますが、地域によりバラツキがあります。①基本的生活習慣確立のための日常生活上の介助、②発達障害の児童生徒に対する学習支援、③学習活動、教室間移動等における介助、④児童生徒の健康、安全確保関係、⑤運動会（体育大会）、学習発表会、修学旅行等の学校行事における介助、⑥周囲の児童生徒の障害理解促進

3. 利用のヒント

特別支援教育支援員の配置状況や活動内容は地域によりバラツキがありますが、学校生活面で安全確保や介助が必要な場合や、TTや取り出しの形式で学習面の支援が必要等の場合には、特別支援教育支援員を付けてもらえないか、担任や特別支援教育コーディネーターの先生に聞いてみましょう。

Ⅷ　スクールカウンセラー

◆**どんな時に利用する？**……子どもが不安を抱えている時、学校内での悩み、トラブル、育児への不安がある時、学校に直接相談できない時
◆**どこで利用できる？**………定期的に校内で利用できる
◆**どんなサービス？**…………カウンセリング
◆**対象は？**……………………小、中学校
◆**その他のポイント**…………スクールカウンセラーは学校外の方であることもあり、相談がしやすい

1．サービスの概要

「心の専門家」としての専門性と、学校外の人材であることにより、学校と子ども・家庭・関係機関との中立な立場で、児童生徒へのカウンセリング、教職員に対する助言・援助、保護者に対する助言・援助を行います。スクールカウンセラーが児童生徒等へのカウンセリングや教職員、保護者等への専門的助言・援助を行うことによって、学校は「家庭、関係機関との連携の下、学校全体で生徒指導に取り組める」、児童生徒・家庭は「教員とは異なり、成績の評価などを行わない第三者的存在であるため、児童生徒が気兼ねなくカウンセリングを受けられる」、教員は「助言を受けることにより、児童生徒と接する際の意識が変わるとともに、児童生徒の様々な悩みに関し、適切な対応をとることができる」といった、児童生徒、家庭の立場だけでなく、学校、教員においても、効果を上げています。

そのため、養護教諭、教師、保護者等からの相談活動への要望が高く、今後はスクールカウンセラーの人数確保、配置が望まれます。

2．発達障害への対応

スクールカウンセラーは、発達障害のあるなしにかかわらず、子どもや保護者が抱える悩み、トラブル、不安などに対する相談・援助などを行っています。発達障害のある子どもの場合は、学校生活の悩み、自信喪失、友達ができない等から大きなストレスを抱えている場合がありますので、

定期的にカウンセリングを受けておくことは、二次的障害を防ぐ意味でもとても効果があります。

学校生活を送る中での様々な不安や悩みに対して、親子ともども相談することができます。外部の人材であることから、スクールカウンセラーの方自体のネットワークを活かして、専門機関や医療機関への紹介、診断はもちろんのこと、親の会や当事者団体の紹介など、幅広い支援が期待できます。また、学校や教員に対しても学校外部の第三者的な立場で助言できるので、学校と家庭との連携がスクールカウンセラーを通して円滑になる場合もあります。

3. 利用のヒント

定期的に学校を巡回しているので、まずスクールカウンセラーが来校する日を学校に確認し、予約します。日程調整を行い、確定された面会時間に、多くの場合は校内で、カウンセリングを受けます。ポイントとしては、心理士・精神科医など専門性を持った「外部の方」であるため、学校や教員など学校関係者には相談できないこと、対学校についての相談をしやすいという面もあります。もし、学校にもどこにも相談できずに困っていることがあったら、スクールカウンセラーに相談してみることも、問題解決への道につながるかもしれません。

保護者の手記

「もっと早く気付いていれば……」

[LDタイプのC君の場合]

あき子さん（仮名・LD親の会会員）

大学3年生になる長男には読み書き障害があります。診断を受けたのは長男が小学校3年生になる春です。小学校入学当時はLDのことを知らず、長男は辛い毎日を送っていました。ほとんど読み書きができず、ひらがなで自分の名前を書くのがやっとという状況で入学したからです。長男は絵本の読み聞かせは大好きだったものの、文字にはまったく関心を示さず、絵もほとんど描きませんでした。学校の授業でも字を覚えることができませんでしたが、宿題はやっていかないとひどく怒られるので、宿題のプリントは毎日つきっきりで2時間以上かけてやりました。どんなに一生懸命書いても字の形が整わないため、プリントにはいつも×がついていました。算数のプリントは、答えはあっているのですが、字がきたないため、やはり×でした。

他にも色々なことがあって、長男は不登校になりました。1年生の2学期の終わりから2年生の終わりまでは全く登校できませんでした。不登校になったため、市の教育相談に通い、その後、児童相談所にも通いましたが、不登校になったのは母親の育て方が悪いから、読み書きをしない（できないのではなく）のも母親のせいだといわれました。長男はよくしゃべるし、受け答えもしっかりしており、自分が関心を持っていること（鉄道や動物）の知識も豊富でした。読み書きができないとは思えなかったのでしょう。その頃、私はLDのことを知り、新聞に掲載されていた西宮YMCAまで行って、LDの疑いがあると言われました。そこでやっと、長男が抱えている課題は母親の育て方のせいではないことがわかったのです。小学校3年生になる春のことです。ちょうどそのころ、長男は自分から本を読むようになりました。それはかつて私が読み聞かせをして内容を覚えている本でした。読み方はたどたどしく、行をとばして読むことも多かったのですが、母としてそのことがとてもうれしかったことを忘れられません。

小学校の方でも長男が登校しやすくなるよう体制を整えていてくれました。まず、相談しやすい人に担任が代わっていました。担任ひとりで対応するのではなく、複数の教員で対応できるよう体制を作ってくれていました。勉強ができなくても怒られることはなくなりました。掃除や動物の世話などに真面目に取り組むことなど、学習面以外のことも評価してくれるようになりました。友達に馬鹿にされることもなくなりました。字が書けるようになり、書いた本人も親も読めないのに担任の先生はどんなに読みにくい字でも判読してくれました。

母親の育て方を非難されることもなくなりました。子どもも親も少しずつ自信を取り戻していったのです。もちろん、すんなりと学校に登校できるようになったわけではありませんが、困ったことがあれば、どうすればいいか話し合って決めていくことができるようになりました。個別に支援してもらうことで、できるようになったこともありますが、また、一方で、集団の中にいたからこそ、できるようになったこともたくさんあります。特に苦手な書字は、集団の中にいたからこそ、「書けるようになりたい」と思って本人は努力したのだと思うのです。

振り返ってみると、幼稚園時代はLDという診断はなくとも、長男にあった支援をしてくれていました。お絵かきや工作が不得意でもいいところを見つけてほめてくれるので、下手でもいやがらずに取り組んでいました。また、ひとりひとりの得意なこと（長男の場合、鳥小屋の掃除）を見つけてその力を伸ばしてくれるので自分に誇りを持つことができました。

長男に読み書き障害があることがわからず、読み書きができないことで非難され、友達からも馬鹿にされていた小学校1年生の時は地獄のような毎日でした。このときに受けた心の傷が癒えるのに長い年月を要しました。もっと早く障害に気付いていれば心に傷を負わなくてすんだかもしれません。もちろん、支援してもらったからといって障害そのものがなくなるわけではありません。長男は今でも読み書きはとても苦手ですから、レポートはパソコンで作成しています。でも、力が足りないところは支援してもらい、機械の力も借りて、自分でできることを増やしているところです。周囲の理解と適切な支援さえあれば、発達障害を含む多くの障害を抱える人々の自立への道が拓かれていくのではないかと思います。

保護者の手記

「1番の支援は『空気』」

［ADHDタイプのD君の場合］

るる子さん（仮名・えじそんくらぶ会員）

長男は言語の機能に困難があります。学校という場所はどうしても言葉での授業が中心になり、長男にとっては辛い時間が続いていたように思います。授業中は、黒板に書かれた内容をノートに書き取ったり、先生が言葉で話した内容を聞き取り、その内容に関する回答を発表しあったりすることが多いのです。しかも資料の殆どは教科書やプリントです。

文字を読み取ることや言葉の理解に手間取る息子にとって学校の授業は、外国に移住し、現地の言葉がまったくわからない中で、突然暮らすはめになった状況と同じではないかと思うくらい辛いことだと思います。

長男ほどではないにしても、言語の使用が弱い子どもにとっては、教室での学習が辛い場になり、授業自体が子どものプライドを傷付ける場にもなることもあるのではないでしょうか。

私自身も講演会や勉強会などに行った時、講師がプロジェクターやレジュメを工夫し、説明する内容を興味深く面白い内容に作ってくれたとしても、ほんのちょっとボーっとしただけで、講師が何を話していたのか理解不能になることがあります。おそらく、長男が学校の授業中に味わう気持ちと同じなのではないかと思います。

長男の場合、ある教科担任がしてくれた何気ない「支援」が功を奏したことがありました。支援といっても、本当に簡単なことで、プリントの裏に、その日の授業の流れを書いてくれたのです。そして、授業の最後には、次の授業の内容と授業が行われる教室の名前も書いてくれたのです。それは走り書き程度の簡単なものでした。他にも有効な支援がありました。それは授業中に長男のノートの隅っこに、「ここは宿題！」と書いてくれた先生もいました。口頭だけで伝えるだけではなく、言葉で話すと同時に文字で書いて示すことによって、頭の隅に少しでも残るかもしれないという配慮だったのかもしれません。このような「ちょっとした支援」が長男のようなタイプの子どもにとってはとっても有効なのです。保護者として学校の先生たちにお願いしたいことは、授業の中でこのような「ちょっとした支援」をしてほしいということなのです。学習が苦手な子どもや、注意集中が難しい子どもたちの心境を理解し、子どものわからなさや困り感を想定し、「どうしたら子どもたちにわかってもらえるか？」という想像力を先生たちに働かせてほしいと願っています。

授業時間中であれば、机上に教科書や資料集、ノートやプリントなどが多く並んでしまうと子どもたちは混乱し、「今なにをやっているのか？先生が何の話しているのか？」がわからなくなります。そうなると授業について行けない子どもたちは、「意味わかんないし、どうせやっても無駄」という気持ちになることが多いようです。自己評価の低い子どもたちは、１度授業がわからなくなると、それ以後の授業がどうでもよくなることがあり、無力感だけを学んでいってしまうようです。

授業中、先生が教室内を回っている際に、「ここだよ」って教科書に指差してくれたり、黒板の片隅に「このページを読むこと」など、簡単な指示を書いてくれることや、授業の終わりに次回の授業内容を簡単にメモして渡してくれたりなど、先生方のいろいろなアイディアや工夫が授業の中で具体的に行われると、多くの子どもたちが救われるのではないかと思うのは、私だけではないと思います。

先生たちにとっては、授業を教えるテクニックも大切なことだと思いますが、授業の中で子どもの状態に応じて、柔軟にその場その場で「少しの支援」を積み上げていくことも必要なことではないでしょうか。

難しい内容を扱った場合には、簡潔な説明や事例を交えた説明、或いは拡大コピーなどを使うなど、いろいろな方法が工夫されることを保護者としては望んでいます。

保護者として１番大切な支援は、一言では言い表しにくいのですが、教室に流れる『空気』ではないかと思うことがよくあります。教室に流れる

『空気』の中にはどのような要素が必要なのでしょうか？　それを私なりに簡単に説明してみます。例えば、長男には言葉の聞き取りの弱さがあるので、授業中に先生が何を言っているのか聞きとれないことがよくあります。そんなときに、遠慮なく先生に聞き返せる雰囲気（教室内に流れる支持的な雰囲気）ということが、私の言いたい『空気』ということです。授業中にどこをやっているのかわからなくなったとき、「今、教科書のどの部分をやっているの？」と隣の人に聞ける雰囲気としての『空気』、明日の授業の持ち物チェックを友達に確認できる『空気』、授業でプリントのできあがりが遅れても「大丈夫だよ」という『空気』、そういった教室に流れる目には見えない『空気』が、長男のようなタイプの子どもたちには最大の支援になると私は思います。その教室内の『空気』を作りだすのは、授業を担当する先生の仕事であり、学級担任のパーソナリティに負うことが大きいのではないかと思うことがあります。

こういった子どもを受け持つ先生たちの「大変さ」も親として理解し、先生方の負担も大きいのではないかと思います。しかし、私が出会った長男の中学の担任やコーディネーターの先生は、長男のいろいろな面を発見し、面白がり自分の特徴と照らし合わせながら指導を楽しんでくれました。当然、日々の生活の中ではいろいろなことがありましたから、私自身が先生方に対して感情的になったりする場面も多々ありました。それでも、家庭と学校という間では、子どもの支援を中心に忍耐強く話し合いを進めていけば、何とかなるものだと思っています。学校と保護者で様々な情報を共有し、ポジティブに子どもの成長を見守っていくという姿勢さえ見失わなければ、子どもたちの成長という結果が目に見えて来ることが多いのです。

『学校』という組織体制だからこそできないこともあり、『学校』という組織体制の中だからこそできることもあることが多いのでしょう。子どもの成長を通して、ようやく学校というしくみが理解できてきたように思う今日この頃ですが、これからの学校では、「きっと子どもたちにとってもっとやわらかい対応が少しずつでもできてくる」ということを保護者として期待したいと思っています。

保護者の手記

「揺れる思い ──特別支援学級を選択する決断」

[高機能広汎性発達障害タイプのE君の場合]

じゅん子さん（仮名・LD親の会員）

中学生の我が子は特別支援学級に在籍しています。小学校卒業までは通常学級に在籍していました。中学校からの特別支援学級移行への道のりは平たんではありませんでした。

「中学校をどうするか」と考え始めたのは5年生になった直後の頃でした。小学校生活を送る中で徐々に通常学級で過ごす限界を感じてきていました。それまでにも先輩の親御さん方から中学校での話を度々聞いていて、子どもと似たようなタイプのお子さんは通常学級で辛い思いをしているケースを多く耳にしていました。「中学校からは特別支援学級に移行した方がいいのでは」という思いが芽生え始めましたが、事あるごとに思いは揺れていました。

揺れる思いを静めるために少しずつ動き出すことにしました。多くの先輩の親御さん方から中学校での話を事細かに聞いて、様々な情報を得ることでもっと深く考えるようになってきました。思いは大きくなっていきましたが、揺れる思いが静まることはありませんでした。

移行への思いを強くしたのは冬休みに受けた就学指導委員会の精密検査の結果でした。精密検査は中学校の進路を決める参考資料になればと親が希望して受けたものでした。結果は情緒特別支援学級の判定でしたので、すごく動揺しましたが、すぐに受け入れることができました。親として中学校の進路が明確になった出来事でしたし、これを機に揺れる思いは急速に静まっていきました。

判定が出た直後から学校との進路の話し合いが始まりました。まず自校の特別支援学級への在籍を希望しましたが断られました。次に週何時間かの特別支援学級での個別指導の時間を設けてもらうことを希望したところ本人の納得が得られることを条件に、主に学力不振の児童に対して行っている個別指導を受けられることになりました。

ところが、当時子どもはみんなと違うことをすることに対して、拒否反応を示していましたので、かたくなな気持ちをほぐすことにとても時間がかかりました。特別支援教育コーディネーターでもある特別支援学級の先生が休み時間を利用して子どもと関わり2、3ヵ月かけて信頼関係を築いていって下さって、子どもの気持ちをほぐしていただき、6年生の5月から個別指導をスタートすることができました。ただし、授業中に在籍しているクラスを抜けることは、子どもが拒否していましたので、5時間の日の6時間目を個別指導の時間としました。

初回は、「お試し」ということでやってみました。本人の意志を尊重することにしようというのが最初からの約束だったのですが、結局本人は個別指導を受けることを自分で決めました。

個別指導では文章読解を学習しながら、学習の姿勢や人との関わり方を学ばせていただきました。課題プリントや指導中の様子等をファイルに綴じて親、担任、特別支援教育コーディネーターの先生で情報共有をし、学期毎に1回は3者で話し合いの機会を作って下さいました。

個別指導や情報共有の中から学んだことは、子どもが困っていることに対して、その理由を考え、子どもの気持ちに寄り添うことの大切さでした。それまで、困っていることに対しては改善させることばかり考えてきましたが、なかなか上手くいかないことが多く、親自身が心の余裕をなくしてしまうことが多かったのですが、理由を考え子どもの気持ちに寄り添っていくことを心がけていくうちに、心に余裕が生まれてきたように思います。学校の先生方の対応や親の心理状態の変化によって、かたくなだった子どもが、驚くほど変化していきました。そして、個別指導を開始して半年を過ぎた頃から、授業の時間帯でも在籍しているクラスを抜けて行う個別指導に、子どもが応じられるようになりました。それで、算数について通常学級での学習と同様の内容を、週に1時間別室で個別指導を受けるようになりました。

中学校入学の3ヵ月前には本人自ら、特別支援学級に進むことを決断しました。もちろん、何もない中で決断したわけではなく、決断に向けた準備は周到に行いました。6年生になってすぐに、親が中学校の特別支援学級に1日参観に行き、中学校のことを子どもに話して聞かせました。中学校の体育祭・文化祭に子どもを見学に連れて行ったりもしました。学校でも小中の特別支援学級の交流会に本人の参加意志を確認したうえで参加させて下さる等、工夫して下さいました。このように様々な方法で、本人に実体験をさせたり、理解をさせたりしたことにより、子ども自身が決断をすることができました。

親が想像する以上に、本人がよく考えて特別支援学級に進むことを決断したということが、中学校生活を見ているとよく分かります。辛いこともたくさんあるようですが、自分なりに解消しようと努力しています。本人は、特別支援学級では前向きに様々なことに取り組んでいます。部活動にも参加していて、部員たちからたくさんの刺激をもらっています。

親として、勉強に振り回されることなく、成長を感じながら見守っていられることを嬉しく思っています。

保護者の手記

「個々のニーズに応じた支援方針の大切さ ―LD親の会主催の「事例検討会」の支援方針」

[LDタイプのM君の場合]

けい子さん（仮名・全国LD親の会会員）

現在21歳の息子は、書字障害のあるLDと診断されています。

3歳児健診時に、言語発達が少し遅いと言われて保健センターに通うことになりました。幼稚園では言葉がたくさん出てきて活発になり、保健センターへ通う必要はなくなりました。でも、発達の様子は気がかりでした。特に気になったのは、文字を書くのが遅かったことや漢字が覚えられなかったことです。小学校に入っても、文字を書くことや計算が遅いので時間がかかるばかりでした。ゆっくりでもマンツーマンで教えれば理解できるのだからと、小学校低学年であるにも関わらず、母がつきっきりで課題が終わるまで机に向わせました。学びが違うことに気づいてやれず、かわいそうなことをしました。

また、引越しによる環境の変化、学習の遅れ、不器用な動作などのせいか、からかわれることも多く、本来素直な性格であるにも関わらず、新学期のクラス替えの度にトラブルを起こしていました。小学校4年生の頃、主治医に相談したら検査を勧められ、診断を受けました。その時に親の会を紹介されて入会しました。診断結果をすぐに受容することは難しかったのですが、同じ悩みを持つ人たちのアドバイスに救われました。そのアドバイスを参考に、定期的に学校を訪問し、担任に学級での様子を聞いたり勉強について相談したりしました。学校では、机を担任のすぐそばに置いて指示が入るようにしたり、習熟度別授業で少ない人数のグループにしたり、個別指導したりするなどの配慮もあり、学級になじんでいくことができました。

小学校6年生の時、障害児教育を学ぶ学生さんに家庭教師をお願いしました。学習はもちろん、息子にとって頼れる存在になってほしいと考えてのことでした。しかし、息子は、家庭教師に対して、しばらくはふざけた態度も多く、てこずらせてばかりの状態が続きました。信頼関係づくりと学習習慣づくりが最初の課題でした。

中学に入り、学習は更に難しくなってきます。板書を写すことが追いつかない、口頭での指示が理解できないなどの困難のせいで、ますます授業がわからなくなり、ボーっとしたり居眠りしたりの状態ですから、テストの点数も散々なものでした。息子は支援ツールを教室で使うことに難色を示し、「やってもできないんだよね」という辛い気持ちがこぼれ出るのを聞くと、このままでは高校に行けるのだろうかととても心配でした。ただ、家庭教師の先生は根気良く面倒を見てくださり、信頼関係を作ってくれたので、心の安定につながったと思います。同年齢の子に比べ幼かった息子も周りとの関係にだんだん対応できるようになり、仲良しのグループもできました。

中学3年生になったとき、親の会の事例検討会（[注] 個々の子どもに個別の教育支援計画を立てる検討会で、新潟のLD親の会「いなほの会」が主催している）を受けることになりました。その際、担任に事例検討会参加のお願いをしたところ、特別支援教育コーディネーターの先生も参加して下さって、親、学校、家庭教師、親の会の連携が強くなりました。事例検討会では、希望する高校に入るという目標のもとに、それぞれが担当する具体的な方策を決めました。周りの大勢の力を借りて親も参加するというスタンスがとても心強かったです。方策の中で

事例検討会

LDタイプのM君の場合

❶ 親と担任の話し合い

- 実態把握　● 教師と親の願い
- 個別指導計画表の長期目標・短期目標など

❷ 第1回事例検討会

- 個別指導計画表の指導内容・方法・指導者の各項目の検討
- 全体の内容を検討

❸ 親と担任の話し合い

- 初回の計画をまとめる

❹ 家庭と学校で実施

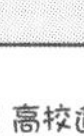
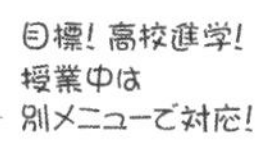

❺ 親と担任の話し合い

- 実施した内容を評価する

❻ 第2回事例検討会

- 評価を踏まえて、計画の修正、立案

❼ 再び、家庭と学校で実施

- 実施と修正を繰り返し、本人に合った支援のやり方を確立する

良かったことは、アセスメントを行うことで、何ができて何がわからないのかを知ること・整理することの大切さがわかったことです。また高校進学の意志が本人にあるのかを確認することが提案されました。親の考えに合わせるのでなく、息子の意志や困り感に沿って考えることに大きな意味があるのだと気づきました。多くの高校の見学をすることで、息子が学校を選択しました。教科学習の計画は、コーディネーターの先生が内容を提案し、まずはやってみて上手くいかなかったら別な方法でやるという切り替えの速さにとても驚きました。別室での個別学習はしたくないという本人の希望により授業中に自教室で別メニューを行うことになりました。英数国で、主に家庭教師が、本人が取り掛かれそうな問題を作り、息子が授業の一部の時間を使って問題を解き、教科担任にノート提出するという流れでした。別メニューをすんなり受け入れたわけではありませんでしたが、学級の子ども達も別メニューを気にしない環境があり、先生が目的（高校入学）を思い出させてくれたので、次第に本人も納得することができたようでした。家庭教師が作ってくれた、解いた問題数の累積グラフを見て、達成感を得たり、やり遂げて褒めてもらい、自己肯定感を得られたりしたことはとても大きな収穫でした。

無事希望の高校に合格し、高校生活では、生徒会の仕事に関わり、行事やボランティアなどいろんな体験をする機会にも恵まれました。学習面では、案の定留年の危機にさらされながらも、今まで受けた支援の方針に沿って親子で乗り越えることができました。

このように、常に成績のことではぎりぎりという生活は続き、ずっと学習困難な状況は変わらないはずなのに、息子は、大学に進学したいと言い出し、AO入試で大学に入学しました。学校の成績が悪いことと勉強したい気持ちとは別ものだと改めて感じた瞬間でした。大学でも、先輩や同級生から履修についてのアドバイスをもらえたので、親に頼ることはありませんでした。大学でもまた試験の時は苦戦していますが、友達からノートを借りたり、レポートに力を入れたりして、困難なところを補っているようです。

息子は、周りの人に支えられて前向きになりました。不器用ながらバイトにも精を出しています。厳しい就活にはどう対応できるかまた新たな心配はありますが、見守っていこうと思います。

保護者の手記

「ゆっくり育つ子ども達」

[LD・ADHD合併タイプのT君の場合]

なつみさん(仮名・全国LD親の会会員)

次男（現在25歳）はLDとADHDの合併です。小学校入学当時は、授業中でも床に寝転んで奇声をあげるような状態で、入学早々、担任の先生から「教師を20年やっているけれど、こんな子は初めて。書けと言っても書かない、読めと言っても読まない。こんな子は指導のしようがありません！」と宣言されてしまいました。就学指導を受けて通常学級に入学したのに、「指導できない」と言われ、第2の障害宣告を受けたようで大きなショックを受けました。息子は言葉の遅れもあり、友達から馬鹿にされることも多く、ランドセルに犬のウンチを入れられたこともありました。毎日、トラブルの連続でなかなか先生にも理解していただけず、親のほうが学校不信・人間不信になってしまいました。

先生から「あれもできない、これもできない」と苦情ばかり言われ、自分を全否定されたかのように感じ、自分の子育てを振り返る余裕さえ失くしていきました。「何とか字が書けるようにしなければ」と必死で、毎日、書き取りの練習をさせました。でも、一文字書くたびに気がそれて、ちっともマス目が埋まりません。やってもやっても成果は見えずイライラが募り、時には怒鳴ったり叩いたりして勉強を教えました。それでも、当時の私はそれを「子どものため」と信じて疑いませんでした。今思えばできるはずもなかったのに、「なんでできないの！」と子どもを責め続け、「母親失格」と自分自身を責め続けました。

翌年の担任の先生は「子どもが授業に集中できなければ、教師が授業を工夫すればいい。T君（息子）が授業に食いついたかどうかが、いい授業ができたかどうかのバロメーターです」と温かい言葉をかけて下さいました。子どもが変わった訳ではないのに、先生によって子どもの捉え方が180度違いました。また、新しい校長先生も「LDの話は、どの子にとっても大切な話だ」と、私の思いを受け止めて下さいました。そうして先生方が受け入れて下さったことで、私自身にも子どもを受け入れる気持ちのゆとりが生まれました。

それまで「できる、できない」にこだわっていましたが、結果的に親が子どもを追い詰めていたことに気づくことができました。そして「なによりもこの子を劣等感と人間不信の塊にしてはいけない」と、子育ての価値観も対応のしかたも大きく変わりました。本当に学校の先生に救っていただいたと感謝しています。

それから毎年、進級するたびに担任の先生に息子の特徴をお伝えするようにしました。高学年になってからは、子どもの特性を「学習面」「行動面」「社会性」に整理し、文書にまとめてお願いしていました。中学校に進む際には、小学校の担任の先生がきめ細かく引継ぎをして下さり、教科担任の先生方にも子どもの特性や対応の仕方を共通理解していただくことができました。現在は各学校に特別支援教育コーディネーターの先生がみえるので、相談すれば「個別支援計画書」を作成していただくこともできると思います。

結局、息子は中学生になっても皆と同じように書くことはできず、板書をノートに書き写すこともできなかったので、ほとんどノートもテストも

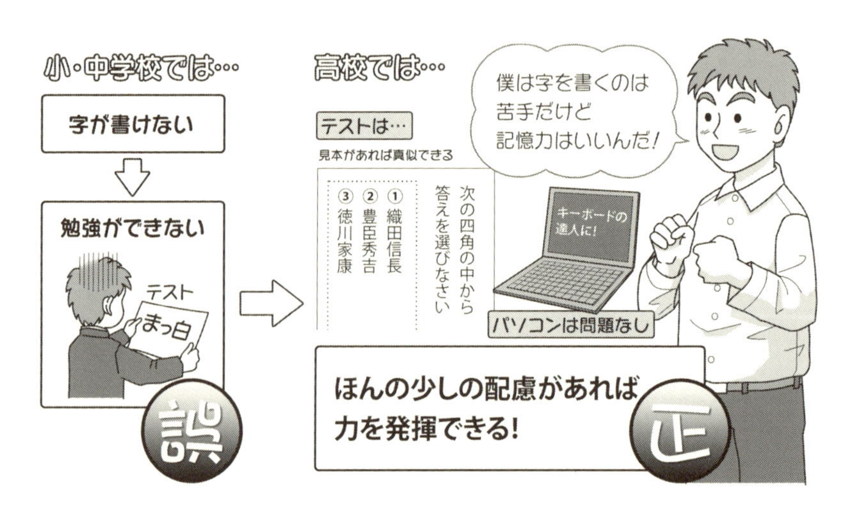

真っ白…という状態で義務教育を終えてしまいました。息子は歴史が好きで、三国志や戦国時代の武将もよく知っていましたが、本人は「漢字が書けないから、社会のテストもダメだ」と自信を失くしていました。高校は情報処理の専修学校に進みましたが、その学校では試験の問題用紙に「四角の中から選びなさい」というように、答えの選択肢が書かれていました。そうしたヒントがあることで、息子は答案用紙にきちんと答えを書くことができました（親も「こんなにびっしり文字が書いてあるテストを見たのは初めて！」と感激するほどで）。成績も1年生の2学期には、100番近く上がりました。本人も「僕は字を書くのは苦手だけれど、記憶力はいい」と自信を持ち、勉強にも前向きになりました。親もずっと「この子は字が書けない」「勉強ができない」と思い込んでいたけれど、「ほんの少しの配慮があれば力を発揮できたのだ！」と、高校に行って初めてわかりました。また、中学生になっても靴ひもも結べなかった不器用な息子が、高校ではタイピング名人になり、私にパソコンを教えてくれました。息子は何度でも優しく教えてくれ、私が息子に勉強を教えた時は叱ってばかりいたので「本当にひどいことをした」と心から反省しました。そして、時間はかかるけれど、その子なりに必ず成長するということを実感しました。「特別支援＝特別なこと」「皆同じが平等」ではなくて、ちょっとした配慮や支援が当たり前に受けられるようになってほしいと願っています。

成人した今でも、漢字は苦手なままですが、わからない時は携帯電話で文字を変換させて確認するなど、自分で工夫しています。漢字を書けるようにとか、何かをできるように努力することは大切ですが、それとあわせて「苦手なことをどう工夫してサバイバルするか」「失敗したら、どうやってリカバリーするのか」ということも、小さい時から体験させ、一緒に工夫することが大切だと思います。

現在、息子は社会人として働いています。本人は、LDや発達障害の難しい定義は知りませんが、「字を書くのが苦手」「忘れ物が多い」「集中力が途切れやすい」等の自分の特性を理解しています。また、休憩時間に自分一人で過ごす時間を「仕事の緊張をクールダウンするために必要な時間」だと自覚しています。小さい時から親の会等で様々な体験を積み重ね、自己理解を深めてきたことで、息子なりの社会との折り合い方を見つけたようです。

［トピックス］発達障害者支援に携わる専門職③ ―― 言語聴覚士

◆どんな資格？	言語聴覚士法（1997年制定）に基づき言語聴覚療法を行う国家資格
◆どんな分野の専門家？	ことばによるコミュニケーションや食べることに困っている方々に専門的サービスを提供する
◆有資格は何人？	国家試験の合格者数は累計で約23,773人（2014年調べ）、言語聴覚士協会の会員数は約10,000人
◆どんな所で活躍している？	病院・診療所、老人保健施設、保健センター・保健所、療育センター・通園施設、学校など幅広い領域で活躍している

1. 言語聴覚士とは

言語聴覚士（Speech-Language-Hearing Therapist）は、スピーチ・セラピスト、STとも呼ばれています。ことば、聞こえ、コミュニケーション、摂食・嚥下に障害のある方々が自分らしい生活を送れるように、言語聴覚士は専門的サービスを提供し支援します。

ことばによるコミュニケーションには、言語、聴覚、発声・発音、認知などの各機能が関係しています。言語聴覚士は適切な支援方針をたてるために、検査・評価を実施し、必要に応じて訓練、指導、助言、コミュニケーション向上のために必要な環境調整など様々な支援を行います。

2. 言語聴覚士の活動領域

ことばによるコミュニケーションの問題は、聴覚障害、言語発達障害（知的障害・自閉症・脳性麻痺・重複障害など）、声や発音の障害（音声障害、構音障害、吃音）、失語症・高次脳機能障害など多岐にわたります。言語聴覚士は乳幼児から高齢者まで生涯を通じて、ことばやコミュニケーションに障害のある方々を支援しています。

言語聴覚士協会の調査では、医療機関で働く会員が最も多く7割以上を占めており、ついで介護保険機関、保健・福祉機関、教育機関などで活動しています。訓練・指導は個別およびグループで行い、また家庭や保育園・学校などに言語聴覚士が出向き日常生活場面においても指導・助言を行います。言語聴覚士法の制定以降、言語聴覚士の数は増加していますが、地域や領域によりサービスに不均衡があるのが現状です。

3. 言語聴覚士と発達障害

言語聴覚士は、広汎性発達障害、学習障害、注意欠陥多動性障害、特異的言語障害のある方々に、言語・コミュニケーション・社会性などに関する支援を行います。発達障害は「ことばが増えない」「周囲の言うことを理解していない」「耳が聞こえないかもしれない」「会話ができない」など、親や家族の気づきから発見されることが少なくありません。言語聴覚士はこのような子育ての悩みにつきそいながら、早期発見・早期対応をはかっています。その際、音声言語だけでなく文字や身ぶり、絵や写真カード、コミュニケーションブック、VOCA（音声出力型コミュニケーションエイド）などの手段を工夫しながら個別的に支援します。発達障害に合併する率の高い構音障害や吃音にも対応しています。周囲とのコミュニケーションがとれずに問題行動を起こしたり、人間関係の悩みから離職する場合などには、コミュニケーションスキル向上のための支援を行い社会参加を促します。

4. 保護者の体験談

私の息子は健診で「ことばの遅れ」の指摘を受け、地域の療育センターを受診しました。その時、児童精神科医から、「今後も通院しことばの成長を促すこと」を勧められました。

療育センターでは、医師の診察を受け、その後、プレイルームでことばの指導（セラピー）を受けることになりました。ふだん自宅で子どもと一緒に遊ぼうとしても、ことばはなかなか出ず、私も夫もずいぶん心配していました。通院後半年が過ぎた頃、息子に変化が起こってきました。指導にかかわってくださった言語聴覚士の先生の粘り強い指導により、年長になるころから、ようやくことばが出るようになってきました。

ことばの遅れだから、ことばの訓練だけをやるのだろうと思っていましたが、全般的に成長が遅かったこともあり、積み木で一緒に遊んだり、カードを使ってコミュニケーション遊びなど、遊びを通してコミュニケーションを持つことを目標にかかわっていただきました。保育園時代から小学校に入学する最も大変だった時期に通院し、息子と一緒に遊んでいただいたこともあり、息子は小学校入学時には何とか自分の気持ちを少しずつ話せるようになりました。

［トピックス］発達障害者支援に携わる専門職④――作業療法士

◆どんな資格？……………養成校を卒業した後、国家試験に合格した者でリハビリテーションの一翼を担う作業療法を業とする国家資格「作業療法士」

◆どんな分野の専門家？……………全ての年齢期と障害領域に関わる手段を持っており一貫した支援を提供することができる

◆有資格は何人？…………65,935名（協会員45,615名：組織率69.2％、平成26年4月1日現在）

◆どんな所で活躍している？……………医療、保健、福祉、教育・職業領域等で活躍している

1. 作業療法士とは

科学的思考の基盤や人間と生活に関わる基礎科目を学び、人体の構造と機能及び心身の発達を基礎医学として、さらに疾病と障害の成り立ち及び回復過程の促進に必要な臨床医学を習得しています。また、保健・福祉・医療等のリハビリテーション理念を学び地域及び学校生活支援や移行支援等、人の自立生活支援全般に関わる具体的な支援技術を身につけています。

対象は、障害種別や年齢にかかわらず、生活に障害を持つ全ての人に関わることのできる職種です。また、人のライフスタイルにあった早期療育から就労・自立生活までの一貫した支援を可能にするために必要な評価の手法や具体的な援助を提示することができます。関係・関連職種や当事者・家族の皆様と協力し支援することができるリハビリテーションの専門職です。

2. 作業療法士の活動領域

保健・医療・福祉・教育・職業関連領域より区別することができ、作業療法士は対象者の自宅、病院、地域における各種施設等の様々な場において提供されます。また、対象者はその状態に応じて、同時期に複数の領域において作業療法サービスを受けることができます。作業療法士は、サー

ビスを提供する関連領域との相互の連携をはかり、対象者の回復支援や社会参加、地域生活の支援を行うことにより、生活機能の拡大に貢献することができます。

3. 作業療法士と発達障害

発達障害領域の作業療法は、その対象者が発達過程にあることが特徴であり、作業療法の効果は、その様々な時期に有効です。そのため、早期からの作業療法も重要ではありますが、発達時期に応じて集中的にアプローチする特殊性も重要です。また、小児期のリハビリテーションを実施している施設はまだ少ないのが現状の課題です。

従来、作業療法士は脳性麻痺を主とする肢体不自由児や精神遅滞・知的障害に関わるリハビリテーションを展開してきましたが、近年では発達障害者支援法に定義されている発達障害領域の学習障害・ADHD・アスペルガー症候群などの対象が増えてきています。

また、作業療法士は、何らかの障害を受けた子どもたちに対して、遊びを中心としたいろいろな作業活動を利用し、個々の子どもの発達課題（運動機能、日常生活技能、学習基礎能力、心理社会的発達など）や現在、将来にわたる生活を考慮した治療を行います。たとえ障害があっても家庭や学校、社会で生き生きと生活できるように指導・援助を行います。

4. 保護者の体験談

長男は生後8ヶ月から2歳頃と7歳から8歳半頃までの2回リハビリテーションを受けました。長男は運動面の発達の遅れがあり、早期にリハビリテーションを始めたので歩行は1歳半をすぎましたができました。しかし成長にするにつれてブランコがこげない、三輪車に乗れない、階段を1つずつ降りるなど体の機能を上手く使いこなせていなくて体を動かすのがとても不器用でした。

そして7歳から作業療法士の先生による「感覚統合療法」を受け始めました。「感覚統合療法」という言葉も初めて聞くことでどのようなことをしていただけるのか全く想像がつきませんでした。長男の場合、バランスボールにのって身体全体のバランス練習、縄はしごに昇降、フレキサースウィングにつかまったまま片手でボールを投げるなど、親の想像を超えた様々な訓練がされていました。そして長男は小学時代に縄跳びができ、自転車も乗れるようになりました。運動会の障害物レース、徒競走や体育の授業はどれも下手ですが休むことなく最後まで取り組んでいました。高校時代は片道3kmのところを1日も休まずに3年間自転車で通学をしました。

その長男も今21歳です。昨年車の免許証も取得しました。作業療法士による3年間の訓練により、不器用ながらもコツコツ取り組むことを学んだような気がします。

第3章

高校・大学期

I　高校を選択するには

◆**どんな時に利用する?** ……義務教育終了後高等学校に進学する人
◆**どこで利用できる?** ………公立の高等学校・特別支援学校・私立高等学校
◆**どんなサービス?** …………後期中等教育を受けることができる
◆**対象は?** ……………………15歳以上全員
◆**その他のポイント** …………発達障害児に対する受入体制がない高等学校もあるので、事前に確認が必要

1. サービスの概要

高等学校には、公立の高等学校と私立の高等学校があります。高等学校の種類には全日制、定時制、通信制、高等専門学校、特別支援学校の高等部、高等特別支援学校、フリースクールがあります。全日制高校には、普通科、商業科、工業科、農業科、総合学科などの多くの種類があります。そのほかにも、定時制や通信制の高等学校に在籍しながらサポート校としてフリースクールを利用する方法もあります。

最近は、ほとんどの子ども達が高等学校へ進学する時代になりました。普通科以外の全日制の高等学校には、多様なニーズに合わせ各種の学科が設置されるようになってきました。職業科は実習の授業も多く、その専門の資格も取得することができます。また、不登校や発達障害のある生徒、中途退学者などの進路として、単位制の高等学校の設置が増えています。

都道府県や学校により多少異なる部分がありますので、詳しいことは各都道府県の教育委員会に確認してみてください。なお、私立の高等学校は、各学校が特色を持って取り組んでおり、なかには発達障害への対応に取り組んでいる学校もあります。詳しいことは、親の会等で情報を得るか、各私立高等学校に直接問い合わせてみてください。

2. 発達障害への対応

現状、高等学校における発達障害のある生徒に対する支援体制は、小中学校に比べると遅れており、全体としては十分ではありません。しかしこ

こ数年、特別支援教育への取り組みを始めた学校も出てきていますので、学校によって格差があるというのが現状です。親の会等では、生きた情報を元に進路情報交換会や進路相談をしていることもありますので、極力たくさんの情報を得て、進路先を選択するようにしてください。

3. 利用のヒント

高等学校に入学が決まったら、その高等学校で学校生活の中で配慮をしてもらえるかどうか相談をしてみてください。もし、可能であれば、中学校のときに行われていた支援を中学校の教師と一緒に高等学校に説明しておくことをお勧めします。高等学校に子どもの困難を伝えるにあたり、子どもへの具体的なかかわり方を、簡潔に紙面にまとめておくと効果的です。また、定期テストの赤点や学校の欠席の日数などによる進級判定などの学校の規則などについても説明を受けておくとよいでしょう。

入学後何か困った場合には、担任以外に教育相談室のスクールカウンセラーや養護教諭などを相談相手として配置しているところもあります。

4. 一言アドバイス

保護者が、子どもに障害について「告知」しているかどうかによって、高等学校に入学してからの対応方法が変わってきます。障害の告知については、お子さんの状態や理解力等に応じて、適切な時期を選んで行う必要があります。かかりつけの医療機関や相談機関に相談してみることをお勧めします。

Ⅱ　高校を選択するには――入試における配慮について

◆どんな時に利用する？ …義務教育終了後高等学校に進学する人
◆どこで利用できる？ ………公立の高等学校・特別支援学校・私立高等学校
◆どんなサービス？ …………入試に際し、発達障害の特性に合わせた特別の配慮
◆対象は？ ……………………高等学校の受験者
◆その他のポイント …………地域、学校により対応が異なる

1. サービスの概要

公立の高等学校の入学検定は都道府県によって違います。特に内申点評価の方法や試験科目や推薦方法などは、通っている中学校や各都道府県の教育委員会に問い合わせてください。地域により異なりますが、中学校3年生になると地域の高等学校の夏休み等に学校見学会が開催されますので、その機会を利用して、学校の様子などを確認しておくとよいと思います。

高等学校によっては、別室受験や時間延長など、入試に際して障害に応じて配慮してもらえる場合もあります。中学校の教師や教育委員会に相談して確認してください。私立の高等学校の場合は各学校によって、対応が異なりますので、個別に各学校に問い合わせてみることが必要です。

2. 発達障害への対応

発達障害のある子どもが高等学校の入学検定を受ける場合に、何らかの配慮をしてくれる高等学校は少ないというのが現状です。もし、子どもに試験当日何らかの配慮が必要な場合は、事前に中学校の教師と相談して高等学校に相談されることをお勧めします。

そのほかに高等学校を選択するにあたり、発達障害のある高校生に対する支援体制についても事前に確認してみてください。また中学校の在籍が特別支援学級でも公立の全日制、定時制の高等学校を受験することもできます。その折には中学校の教師に事前に特別支援学校以外を受験することを相談してください。私立高等学校の場合は、個々に対応が異なりますので、受験できるところがあるかどうか確認してください。

Ⅲ　特別支援学校（高等部）・高等特別支援学校

◆**どんな時に利用する?** ……障害特性に合わせた教育を希望する場合
◆**どこで利用できる?** ………国公立・私立の特別支援学校・高等特別支援学校
◆**どんなサービス?** …………個別の教育支援計画・移行支援計画の作成、職業教育の実習（現場実習）など
◆**対象は?** ……………………15歳以上全員

1. サービスの概要

特別支援学校（肢体不自由・視覚障害・聴覚障害・知的障害・病弱）では、生徒の障害の程度や状況に基づいた教育課程が編成されています。そして専門的な知識や指導技術を持った教師が、配置されています。教育課程には大まかに各教科、特別活動、自立活動等があります。特に高等部では、卒業後の働く力を育てる作業学習があり、この学習の中で校内や企業においての実習も計画的に行われています。また、一人一人の特別な教育的ニーズに対応するために、個別の教育支援計画、個別の指導計画が作成・活用されています。計画の作成にあたっては、学校と家庭との連携を強化するために、担任と保護者が一緒に作成します。さらに、この作成・評価の過程に本人も加わると、より実効性のある計画ができると思われます。

2. 発達障害への対応

特別支援学校の中には、発達障害のための高等部または高等養護学校はありません。発達障害のある多くの子どもたちは、知的障害、肢体不自由、または病弱の特別支援学校に通っています。したがって、いろいろな障害のある子どもたちが一緒に学校生活を送ることになります。ただ、近年発達障害のある子どもたちが増加する傾向にあります。そのため、発達障害の子どもたちのために、教科学習の補充や対人関係のスキル、日常生活のスキルなどを学ぶ場を設定している学校もあります。具体的なことについては、個別に学校に確認をしてください。

3. 利用のヒント

特別支援学校の学校行事には、文化祭、運動会などがあります。進路先として検討する場合は、このような学校行事の際に見学したり、体験入学をしたりしておくことをお勧めします。お子さん自身が特別支援学校で何をやっているのかを理解でき、自分の進路について考え、選択することが可能となります。可能なら、複数の特別支援学校や高校を見学しておくとよいでしょう。自分で考え自分で特別支援学校を選択したなら、保護者の方はその背中をそっと押してあげることが大切です。

4. 一言アドバイス

発達障害のある子どもや軽度の知的障害も念頭に置いた高等特別支援学校等を新設する自治体が徐々に増えています。一方、特別支援学校の高等部、高等特別支援学校に進学を希望する発達障害の子どもたちが増加する傾向にあります。

このため、地域によって設置状況や受入等の条件がかなり異なってきていますし、1年後、2年後に学校が新設される計画がある場合もあります。通っている中学校で確認するか、設置者である都道府県（市町村）の教育委員会等に問い合わせて、どのような選択肢があるかを早めに確認しておくとよいと思います。

Ⅳ　フリースクール・通信制高校

◆どんな時に利用する？……通常の高校、特別支援学校で、お子さんに適した学校がない場合
◆どこで利用できる？………地域により設置状況が異なる
◆どんなサービス？…………子どもの個々の学力に合わせて教育指導をする
◆対象は？……………………15歳以上全員
◆その他のポイント…………通信制高校のサポート校

1. サービスの概要

フリースクールは、もともとは学校に不適応を起こした生徒に学校教育の枠にとらわれない学びの場や居場所を提供する場として生まれてきたものですが、発達障害のある場合や軽度の知的障害のあるお子さんの進路先の一つとして選ばれることも多くなっています。

通信制高校とは通信による教育を行う高校のことで、公立と私立とがあります。私立の中には複数の都道府県や全国から入学できる高校（広域通信制高等学校）もあります。協力校と連携している場合や、学習センターを置いて、スクーリング（通学）やテストに対応している場合もあります。

通信制高校の学び方の基本は自学自習です。そして学習は、①レポートを提出すること（年間50～60本）、②スクーリングに出席すること（年間20～25日）、③テストを受けることの3本柱によって進められています。各教科によってそれぞれのレポートの回数やスクーリングの日数が決められています。先進的な高校の中にはインターネットを活用して、レポートをe-mailで行ったり、放送やネットによる授業の配信を行ったりしている学校もあります。またスクーリングについては、1年のうちの1週間程度集中スクーリングを実施しまとめて出席すればよいという高校や、月に1回か2回登校すればよいという高校など各学校によって違います。

2. 発達障害への対応

発達障害のある子どもの中には小学校や中学校で学校生活がうまくいかなくて不登校になったときに学校教育の枠にとらわれずに一人一人の子ど

もが自分のペースで学んでいる場合や、人とのかかわりの場としてフリースクールに通学しているケースがあります。フリースクールの中には通信制高校のサポート校として連携をしているところもあります。また、フリースクールに通いながら、通信制高校にも籍を置くことによって高校卒業資格を取得することも可能です。

フリースクール・通信制高校ともに、全国にたくさんありますが、対象・方針・費用や高校卒業資格の取得が可能かどうか等バラエティーに富んでいます。個々の学校に、発達障害のある子どもに対応しているか、お子さんのニーズや希望に合っているか等を確認して、選択することが大切です。

3. 一言アドバイス

通信制高校の中に協力校といわれているサポート校があります。通信制サポート校は、通信制高校に在籍する生徒が高校課程を確実に終了できるように学習や生活面で支援する民間の教育機関です。少人数指導や個別のカウンセリング、体験学習、ソーシャルスキルトレーニング等を重視したプログラムなどを通して生徒に達成感を持たせながら同時に高校卒業資格を確実に手に入れるためのレポート指導や教科指導、スクーリング指導を行っています。

子どもが小中学校で不登校のときに地域によっては、小中学校の校長先生の裁量でフリースクールに通うことで学校の出席扱いとされることもあります。

V　大学・短大・専門学校

◆**どんな時に利用する？**……高等学校の教育修了者、大学入学資格検定の合格者
◆**どこで利用できる？**………国公立大学・短大、私立大学・短大
◆**どんなサービス？**…………各大学・短大に問い合わせる
◆**対象は？**……………………18歳以上全員

1. 4年制大学・短期大学について

4年制大学・短期大学は、高度な知識の取得や専門性の向上のための高等教育で、国公立と私立があります。各大学・短期大学に設置されている学部、学科等は多種多様ですが、大学・短期大学に進学するあたり、まず大切なことは、将来の夢や希望する就労先等を明確にすることです。次に、資格の取得など、大学等で学ぶ目的をはっきりとしたうえで、子ども自身が理解・選択することです。さらに、環境が大きく変わりますので、大学の授業や学生生活などで困った時に、相談できるところを事前に保護者と一緒に話し合うとよいと思います。例えば、大学・短期大学内に学生相談室や健康保健センター、スクールカウンセラーによる相談窓口などが設置されていますので、事前に確認してください。

近年、大学等に進学する発達障害のある子どもたちが増えてきています。しかし大部分の大学・短期大学では、発達障害のある学生に対して特別な支援はされていません。文部科学省も必要性は唱えていますが、その取り組みはこれからというところです。大学によっては取り組んでいるところもありますので、事前に調べてみるのがよいと思います。

2. 専門学校

専門学校は職業につくための必要な資格等を取得する教育機関です。その種類は多く、教育期間は半年間から4年間など各専門学校によって異なります。近年、専門学校に進学する発達障害のある子どもたちが増えてきていますが、発達障害のある子どもに対しての特別な支援体制はほとんどの学校にはありません。子どもが困ったときに、どこに相談すればよいの

か、専門学校によって窓口、規模等が異なりますので、確認してください。最近、都道府県または政令指定都市の発達障害者支援センターには、専門学校からの相談があると聞いていますので、そこに問い合わせてみるのもよいと思います。

3. 一言アドバイス

大学等の受験は、発達障害のある子どもたちにとって非常に大きな緊張を強いられる場面だと思います。お子さんの持つ力を十分に発揮するために、大学等の受験の際に、受験室の配慮等の特別な支援を望む場合もあります。

大学における障害のある学生に対する対応状況については、全国障害学生支援センター（http://www.nscsd.jp/）から、「大学案内201X障害者版」が毎年発行されており、同センターのWEB上で、公開されている情報もあります。これによると、学習障害等の発達障害に対して入試や入学後の支援を行っている学校は、ごく僅かであるというのが実態です。

ただし、年々発達障害に対応をする大学が増えてきていますので、センター試験、各大学実施の試験の前に各大学等に、問い合わせしてみるとよいと思います。

Ⅵ　移行計画（教育期から就労期への移行の計画）

◆どんな時に利用する？……特別支援学校高等部・高等特別支援学校の生徒
◆どこで利用できる？　………都道府県の公立の特別支援学校・高等特別支援学校
◆どんなサービス？…………卒業後の職業・社会生活にスムーズに移行するための支援
◆対象は？……………………15歳以上全員
◆その他のポイント　…………就労に向けた他機関との連携

1. サービスの概要

生徒の卒業後の生活は、学校を中心とした生活から、職場を中心とした生活へ大きく変わります。この環境の大きな変化に適応し、働くことを中心にした生活にスムーズに移るには、移行のためのサポートが必要です。「個別移行支援計画」は、一人一人に応じた移行のための支援を具体化したものです。作成にあたっては、生徒本人や保護者の願い、卒業後の職業・社会生活を見通した課題と具体的な支援等を記載していきます。さらに、この個別移行支援計画は個別の指導計画とも密接にリンクしています。それは就労に向けて、学校でもキャリア教育や作業実習、職場実習等が展開されているからです。また、個別移行支援計画は、就労に向けて関係機関と連携を深める手だてとなります。ハローワークや各地域にある障害者職業センターなどと、「だれが」「いつ」「どのような支援」をするのかを明確にした個別移行支援計画を作成・活用し、生徒をサポートしていくことが大切です。

2. 発達障害への対応

発達障害のある生徒のうち、特別支援学校の高等部・高等特別支援学校に在籍している場合は、就労に向けて移行支援の教育課程が組まれています。さらに、個別移行支援計画にそって一人一人のニーズにあわせて支援が行われています。しかし、発達障害のある生徒はそれ以外にもいろいろな学校に在籍しており、ほとんどの学校では就労に向けての細かい移行支援は行われていません。近年、発達障害について関心のある学校では、独自に他機関と連携して就労に向けてインターンシップなどを取り入れるところも出てきています。事前に学校に相談してみてください。

3. 利用のヒント

教育期から就労期への移行期において、大切なことのひとつに「職業適性を知る」ことがあげられます。特別支援学校以外の学校に在学している場合は、独自に在学中に職業適性検査等を実施している機関を見つけて相談をしてみるのもいいでしょう。発達障害がある人でも、人によっては知的障害や精神障害のある人たちのための各種の支援サービスを利用できる場合があります。また、障害者手帳がないと利用できない支援サービスもありますが、障害者手帳がなくても利用できる支援サービスもあります。具体的な内容などの詳細については、地域障害者職業センター、発達障害者支援センターなどに相談してみてください。

[参考] 学校在学中から利用できる主な相談機関

◎地域障害者職業センター（全国47都道府県に設置されている）

対　　象：障害者手帳の有無は問われない。年齢制限なし

支援内容：就職に向けた相談、職業能力等の評価、就職前の支援から、就職後の職場適応のための援助まで、個々の障害者の状況に応じた継続的なサービスを提供しています。

◎学生総合職業センター、全国の学生職業センター・職業相談室

対　　象：大学院・大学・短大、高等専門学校・専修学校等の学生など

支援内容：職業適性検査などの検査結果の詳しい解説などの個別相談も行われています。

◎ジョブカフェ（香川県を除く全国46都道府県に設置されている）

対　　象：15～34歳が対象

支援内容：若者を対象とした就職支援センター。カウンセリング、セミナーの実施など。サービスの内容などは地域によって違っていますのでお問い合わせください。

保護者の手記

「就労・移行支援で良かったこと」

[自閉症タイプのF君の場合]

あい子さん（仮名・LD親の会会員）

息子は高等養護学校3年生、もうすぐ卒業です。今は就労に向けて現場実習に通っています。昨年11月、食品会社の工場で実習をさせていただき、その結果雇用の方向で今回の実習に取り組んでいます。作業効率の向上と色々な仕事を覚えるということで、本人は張り切って仕事をしているようです。仕事が出来るようになり、それが自信につながり、さらには働くことへの意欲が感じられます。まだまだ先のことはわかりませんが、これまでの就労・移行支援で良かったと思うことを3点挙げたいと思います。

まず1点目は、本人の紹介カードの作成です。以前から学校が作ってくださった実習生カードはありましたが、堅苦しいものです。今回就労担当の先生が、親しみやすい形式のものを考えてくださいました。そして、それを現場で働く方々に配布しましょうということでした。学校としても初めての方法でしたので、親への内容確認がありました。ところが、残念なことに配慮事項やお願いが多く、私がそれを見たならば、めんどうだな、と感じる内容でした。先生には申し訳ないという気持ちでしたが、親ばか丸出しで息子の良いところをもっと伝えられるものをと思い、先生に書き入れてほしいことをお話しして渡しました。後日談ですが、先生も家庭との協力が大切なことを再認識されたとのことでした。図々しい行動も時には必要ですね。

2点目は、一日の流れと注意することの確認表です。先生と息子と私で面接に行った時に、工場の案内と仕事の説明がありました。すぐに確認表を先生が作ってくださり、おかげで事前にイメージをもつことができました。初めの2日間は先生がジョブコーチとして同行してくださり、確認表で足りない部分は追加され、また私が疑問に思った点を伝えるとすぐに付け加えてくださいました。食品会社ですので衛生面は厳しく、手洗いの順序や作業着の着方、手袋の扱い方などは先生が指導し、仕事は会社の方から教えていただいたようです。確認表は家庭で実習日誌を書く時にも役立ちました。

3点目は、障害者職業センターの協力です。秋の実習の前、10月にセンターで職業評価を受け、その後、先生とセンターの方が会社へ行き、仕事の内容を実際に見て、本人が適応できるかを判断してくださったとのことです。先生としてはプロの方のご意見を聞き参考になったという話でした。また、会社へは先生からの話だけではなく、センターの方のご意見も伝えられたそうです。職業評価の結果説明では、本人の特性をかなり的確に捉えていただいたと思います。もちろんすべてではありませんが、さすが多くの障害者の方を支援・助言されているプロです。今後センターでお世話になる際にも心強い思いがしました。

高校卒業後は就業支援と生活支援を障害者就業・生活支援センターで相談することになります。実習で役立った紹介カードや確認表は学校からセンターへ移行してくださることになっています。これこそ途切れることのない支援の一歩だと思います。親としては、息子が一人でセンターを利用できるように、初めはしっかりと支援をしたいと思います。そして徐々にひとり立ちが出来る日を楽しみにしています。

「親の会に参加して」

[アスペルガー症候群タイプのG君の場合]

よう子さん(仮名・LD親の会会員)

今年、息子は20歳を迎えました。

現在は自宅から大学に通い、目標達成のためにお金を貯めようとアルバイトを始めるなど安定し充実した生活を送っております。

7年前息子はアスペルガー症候群と診断されました。当時中学校という大きな集団に馴染めず不登校となってしまいました。「何で同じことが出来ないの?」「何度言ったらわかるの？」。私もどうしたらいいかわからず責め続けていた毎日だったと思います。主治医からこのような子どもを持つ親の会があると教えてもらい、わらをもつかむ思いで、「いなほの会」に入会いたしました。「Hさんだけじゃないんだよ。一緒に頑張っていこう…」と親の会の代表の方が言ってくれたことを今でもよく覚えています。この時、私はちゃんと子どもと向き合い育て直そうと心に決めました。

親の会では、新潟大学の先生と院生の方のお二人から1年間ソーシャルスキルトレーニング(SST)を受ける機会を与えてもらいました。最初に一番困っていることを聞かれ、すぐに答えることができませんでした。いかに息子のことを表面的に漠然としか見ていなかったことに気づかされました。

息子は初めての場面や初対面の人に対しく緊張が高く自発的に行動できなかったため、自発的行動の増加を目標に指導プログラムを立てていただきました。当初は、問いかけに対し、はい・いいえの応答のみだったのですがしだいに会話が続くようになってきました。

先生方のご指導のもと、私も日常のいろいろな出来事に対し、どう対応したのか、どのように考えたのかを記録に取り具体的にご指導を受けました。いかに先回りし指示を出していたか自分の考え方の癖を知り、反省する点をいくつも見つけることができました。このとらえ方を勉強できたことは現在子育てをする中でとても役立っています。

担任の先生や相談室の先生も時折SSTに参加し息子を励まして下さいました。この1年間様々な支援をもらったおかげで、自分もやればできるという自信と認めてもらったという安心感を得ることができ、本当に成長できたと思います。

数ヶ月SSTに通った頃から息子は「高校に行きたい」と言うようになりました。合格を目指し勉強にも意欲的に取り組むようになり、無事に単位制高校に合格することができました。高校は1日も休むこともなく、トラブルもなく3年間通い続け、卒業することができました。

追われることが少なく、マイペースで取り組むことができる単位制高校のシステムが息子には合っており、一つのことに集中して粘り強く取り組むという長所も伸ばせたのではないかと思います。もっと勉強したいと大学への進学も自分で決め、今に至っています。

現在はカウンセリング等で定期的に先生方からご指導を受けることはなくなりましたが、節目節目で報告していて、成長振りを喜んでいただいています。息子は、人付き合いという点では、まだ苦手な部分もあるのですが、確実に自分で解決できるようになってきています。親として息子が自立に向けよりよい循環で次のステップに移れるよう、陰ながら応援していきたいと思っております。

［トピックス］
ディスレクシアのある人の高校、大学

1. ディスレクシアのある生徒の大学入試

現状、大学に通っている学生でディスレクシアとわかっているケースはまだ多くありません。まじめな態度と得意な教科などで内申点をとり推薦を受けることや何か一つ特技を持ってAO入学（スポーツが多い）で大学に進むマイルドなディスレクシアの人は実は多くいます。また、マークセンス方式の試験で書字がない場合は、それほど困難がないケースもあります。また、まだ人数は少ないですが平成23年1月から始まった大学入試センター試験における発達障害に対する特例措置を受けて、入学している人もいます。

以下、何人かの例をご紹介します

2. K君の場合

平成19年から始まった特別支援教育は小中学校には浸透しつつあり、幼稚園や保育園での早期発見、早期対応も始まっています。ところが公立の普通高校では入学試験での配慮がほとんどありません。

K君は私立高校を受験し、合格しました。入学後は特別な配慮は受けませんでしたが、それほどの困難さはありませんでした。数学は得意なほうだったので、学校外で国語や社会科などの教科で本人のラーニングスタイルに合ったスキルや考えるときのヒント等を学びました。K君が中学校と高校で一番苦労した科目は英語です。例えばDifferentとDifficultの区別を

するのがとても困難でした。

平成23年の大学入試センター試験から発達障害を持つ生徒に対する特例措置が始まりました。平成22年9月にその要綱が出て、特例措置を受けるためには医師の診断書が必要とされたことから、改めて病院でディスレクシアの診断をもらいました。高等学校の記録は自分で学校に働きかけて、自分が学ぶのに役に立ったことを学校の先生にまとめてもらいました。東京大学先端技術研究センターで読み書きの困難さ加減を検査してもらい、小学校3年生並みの読み書き能力であると判定されました。この3種類の書類を9月末までに提出した結果、センターからは「時間延長、別室受験、チェック回答（書き写すときに移し間違えや時間がかかるので問題用紙の回答にチェックをする方法)、問題用紙の拡大」の4点の特例措置が認められました。

この特例措置はセンター試験だけではなく、私立大学もこれに準じた特例措置をしてくれました。ただ、実際に合格して入学したのは、皮肉なことに特例措置をしてくれなかった大学でした。時間延長やチェック回答の措置はとても助かりましたが、別室受験はトイレのすぐ横の部屋で、時間延長の配慮もされていた関係上、他の受験生がトイレの出入りをする音が少し邪魔に感じたようです。

以下、本人のコメントです。「入学した大学には困難さを感じる学生のための相談センターがありますが、学部が情報通信学部で、あまり文学的な文章を読んだり、手書きしたりすることが少なく、大きな問題はないので、現在のところ利用はしていません。学校で求められているのはコンピューターでの作業なので、問題なく対応できています。大学生活はとても充実しています。障害のある小学生のキャンプのボランティアをしたり、テニス部に入って活動したりしています。友だちも随分できました。」

3. S君の場合

S君は工学系の有名校に受験で入りましたが、途中から学校へ通うことができなくなってしまい、一時はウツではないかと思えるほど元気がありませんでした。ちょうどその時、同年代のディスレクシアの大学生がいて一緒に話しているうちに、S君は初めて自分と同じことを言う人がいると言ってホッとしていました。それまで自分は頭がおかしいに違いないと思い込んでいたそうです。一番つらいのは英語が必修でほかの科目はどうに

か凌げるのだけれど、英語が皆目見当がつかないので進級できないことでした。しばらく自分で考えて京都のある大学を受け直し、金属工芸を専攻しました。現役の名工が実践的に指導してくれる学校です。入試は筆記試験がありませんでした。今では見違えるほど自信をもって、一人暮らしをしています。

4. F君の場合

F君は小さいころから植物が好きでした。農業高校に通ってそのあと就職しましたが、どうしても大学で勉強をしたいと思いました。社会人受験で英語の試験がないところを狙いました。それも短大に入ってそのあとで大学に編入するという裏技を使いました。今では食品会社で得意な植物の研究をしています。

5. T君の場合

T君は中学校を卒業してからどうしても日本では自分は活きないと感じ高校から英国に留学しました。英語学校でコミュニケーション能力と知能に比べて読み書きの学習が身に付かないのでディスレクシアではないかといわれて検査をしてすぐからいろいろな配慮を受けました。時間延長、黄色のシートを使用、希望の進路に合わせたカリキュラムの組み換え、英語の試験以外はスペルや文法の間違えを減点しないなどの配慮を当たり前のこととして受けました。そのあと1年間で中学校の勉強のおさらいを英語でしたことでぐんと理解が進むようになりました。大学では飛び級をすることもでき、現在ではシンガポールで建築家として仕事をしています。

このように自分の得意分野を活かしていくことや、受験科目の工夫、受験時から入学した後も配慮と支援があればディスレクシアの人たちは大学へ進み生活を楽しむことができます。

第4章 障害者支援制度

Ⅰ　療育手帳

◆どんな時に利用する？……障害者向けの支援制度を利用したい場合
◆どこで利用できる？………申請先：市町村の窓口
判定：療育手帳＝18歳未満は児童相談所、18歳以上は知的障害者更生相談所で障害の程度等の判定を受ける
◆どんなサービス？…………各種支援制度の利用、国税、地方税の諸控除や各種割引
◆対象は？……………………知的障害者
◆その他のポイント…………療育手帳を、「愛の手帳」「緑の手帳」と呼ぶ自治体もある

1. サービスの概要

療育手帳は知的障害のある人が、各種の支援サービスを受けやすくすることを目的に交付されるもので、取得すると下記のようなサービスが受けられることがあります。

①特別児童扶養手当、②心身障害者扶養共済、③国税、地方税の諸控除及び減免税、④公営住宅の優先入居、⑤NHK受信料の免除、⑥旅客鉄道株式会社などの旅客運賃の割引、⑦生活保護の障害者加算、⑧生活福祉資金の貸付、⑨NTTの無料番号案内、⑩携帯電話使用料の割引、⑪公共施設の利用料割引など。

各自治体により対象者、サービス内容は異なる場合がありますので、お住まいの福祉担当窓口にお問い合わせ下さい。

2. 発達障害への対応

療育手帳の交付は、知能検査の結果と日常生活の状態の総合的な状態で判断されます（IQだけで判定されているものではありません）。療育手帳の交付のための根拠となっている知的障害者福祉法には知的障害の定義がなされていないので、判定のための基準を具体的にどのようにするのかという点は、都道府県ごとの運用に任されています。このため、手帳を交付

する基準とする知能検査のIQ70以下を目安に判定している自治体があったり、75以下を目安にしている自治体、発達障害の診断があればもう少し高いIQでも対象とする自治体などの独自の裁量が可能となっています。この基準を全国で統一すべきという意見もありますが、そのためには「知的障害」の明確な定義や客観的な評価方法を決める必要があります。しかし、定義や評価方法を全国で統一した時には、これまで都道府県の運用によって交付されていた人が、対象者から外れる可能性があります。

発達障害のある人で、IQが高いために療育手帳の取得が難しい場合、「精神障害者保健福祉手帳」を取得することができます。

3. 利用のヒント

療育手帳を所持するということは、知的障害があるということの証明になります。たとえば、障害者雇用促進法で一定以上の従業員を抱える企業には障害者を雇用することが義務付けられている制度を活用して、障害者として就職する場合に役に立ちます。

また、障害があることを周囲のクラスメイトや同僚にも説明しやすくなるといった副次的なメリットもあります。

4. 一言アドバイス

療育手帳は知的障害がある人が必ず取得しなければいけないというものではありません。また、手帳の交付を受けていることを周囲に言わなければいけないという義務もありません。あくまでも、知的障害のある人が行政をはじめとする周囲の人に障害の理解をしてもらうことが必要だと考えた場合に利用するものです。取得後もこの手帳が不要になれば返すこともできます。現在は、療育手帳などの障害者手帳を所持していなくても、医師の診断書等で必要性が認められれば、障害者福祉のサービスが利用できるようになっています。

どのような目的のために療育手帳を取得するのか、メリットは何か、発達障害のお子さんを育てられた先輩のご家族や、支援者の方にご相談することをお勧めします。

Ⅱ　精神障害者保健福祉手帳

◆**どんな時に利用する?**……障害者向けの支援制度を利用したい場合
◆**どこで利用できる?**………申請先：市町村の窓口
判定：各地域の精神保健福祉センターなど
◆**どんなサービス?**…………各種支援制度の利用、国税、地方税の諸控除や各種割引
◆**対象は?**……………………なんらかの精神障害（てんかん、発達障害などを含む）

1. サービスの概要

先の項目で説明した療育手帳は昭和48年から実施されていますが、精神障害者保健福祉手帳は平成7年から実施されるようになりました。

手帳の名称は「精神障害者保健福祉手帳」ですが、「精神障害者」と記載されていると携帯しづらいという当事者等からの意見を考慮して、手帳の表紙には単に「障害者手帳」と記載されます。また、外見では障害者であることが分かりにくい場合でも、本人確認が必要な割引等を受けやすくすることを目的に、手帳への写真添付が平成18年から行われています。

手帳を取得した場合には、下記のようなサービスを受けられることがあります。①心身障害者扶養共済、②国税、地方税の控除及び税の減免、③公営住宅の優先入居、④NHK受信料の免除、⑤生活保護の障害者加算、⑥生活福祉資金の貸し付け、⑦NTTの無料番号案内、⑧携帯電話使用料の割引、⑨公共施設の利用料割引や公共交通機関の運賃の割引など。

療育手帳と同様、各自治体による対象者、サービス内容は異なる場合がありますので、お住まいの福祉担当窓口にお問い合わせください。

2. 発達障害への対応

精神障害者保健福祉手帳の交付は、主治医の作成する診断書に記載された精神疾患の存在、機能障害（どのような症状があるか）と能力障害（日常生活上の制限）の総合的な状態で判断されます。以前はこの診断書の様式に発達障害の機能障害を記載する項目はありませんでしたが、平成23

年に一部改正がなされ、現在は発達障害の症状を記載することのできる様式となっています。また、同時に障害等級の判定基準についても、発達障害の場合の説明が新しく設けられています。

3. 利用のヒント

精神障害者保健福祉手帳の取得については、年齢による制限や在宅・入院の区別はありませんが、初診日から6カ月以上経過した日以降の診断書により申請できるという決まりになっています。これは、診断書上の症状が一過性のものではなく、継続的に日常生活に困難さを生じているかどうかを判断するために必要なルールです。発達障害の場合は、一過性の症状ではありませんが、同様の基準で診断書を作成することとなります。ですから、精神障害者保健福祉手帳が必要となる時期を見越して、計画的に医療機関の受診をしておくことが必要です。

更新は2年ごととなり、そのたびに診断書が必要になります。機能障害や能力障害の状態像が改善されたと判断されれば、更新の際に等級の変更や交付対象外となることもあります。

いずれにしても、診断名があることと交付の有無はイコールではないことをあらかじめ認識しておくことが重要です。

4. 一言アドバイス

療育手帳と同様、支援者は支援の一つの手段として手帳制度を紹介することは必要ですが、取得は発達障害のある人の自由（申請主義）です。また、手帳の交付を受けていることを周囲に言わなければいけないという義務もありません。あくまでも、行政をはじめとする周囲の人に障害の状態に関して理解してもらうことが必要となった場合に利用するものです。取得後もこの手帳が不要になれば返すこともできます。現在は、精神障害者保健福祉手帳を所持していなくても、医師の診断書等で必要性が認められれば、障害者福祉のサービスが利用できるようになっています。

どのような目的のために精神障害者保健福祉手帳を取得するのか、メリットは何か、先輩の当事者の方やご家族、支援者にご相談することをお勧めします。

Ⅲ　障害基礎年金

◆どんな時に利用する？……20歳になった時点で、一定の障害がある場合
◆どこで利用できる？ ………市（区）役所、町役場の年金課で手続きを行う
◆どんなサービス？ …………国民年金等による制度で、障害のある人のための年金
◆対象は？ ……………………20歳以上の障害者
◆その他のポイント …………国民年金等の加入者が障害者になった時のための年金だが、20歳になる前から障害があった場合は、20歳になった時点で対象となる

1. サービスの概要

国民年金等の加入者が、一定の障害になった場合に受けられる年金制度です。しかし、知的障害のように20歳になる前から障害がある場合は、20歳になった時点で年金支給の対象となります。

年金の支給額は、平成25年現在、1級障害で年額966,000円、2級障害で年額772,800円ですが、支給対象になると国民年金の支払いも免除されます。この1級とは、他人の介助を受けなければ、ほとんど自分の用を足すことができない程度。2級とは、必ずしも他人の助けを借りる必要はないが、日常生活は極めて困難な程度を指し、障害者手帳の級（程度）とは基準が異なります。

障害基礎年金の支給を受けるためには、社会保険事務所か市区町村役場の窓口で障害給付裁定請求書、診断書などの必要書類をもらい、医師の診断を受けて、必要書類を提出します。認められれば、通常は3か月程度で裁定決定通知書が届きます。

年金の支払いは、年6回（2、4、6、8、10、12月）、各2か月分ずつ口座振込で支給されます。

2. 発達障害への対応

精神障害者保健福祉手帳の申請用診断書に発達障害の症状に関する項目が位置づけられたのと同様に、平成23年から障害者年金の申請用診断書

にも発達障害の症状に関する項目が設けられ、社会性やコミュニケーション能力の状態に注目して等級の判定を行う目安も示されました。
また、「労働（福祉サービス事業所や一般的就労）に従事していることをもって直ちに日常生活能力が向上したものととらえて年金の支給を停止せず、その状態を慎重に判断する必要性があるもの」という方針も示されています。

3. 利用のヒント

障害基礎年金を受給するためには、初診日要件、制度加入・保険料納付要件、障害要件(障害等級に該当するかどうか)が全てそろうことが必要です。
初診日については、発達障害の件で初めて医師の診察を受けた日（年月日）を証明するもの（診断書、その他証明するもの）が必要です。しかし、一般的には医療機関のカルテの保存期限は5年とされているので、初診日の証明が難しいことがあります。そのため、保護者は幼児・児童期から受診の際の記録や診断書をコピーして保存しておく心がけが重要です。
次に、その初診日が「20歳以下」もしくは「年金制度に加入している期間」であることが要件になります。また、年金加入をしている期間の納付の有無（あるいは免除）等の手続きがなされていることも必要になります。
障害要件については、医師の診断書により、精神障害者保健福祉手帳とほぼ同様の項目により診断を受けていることと日常生活能力の状態を記載します。しかし、精神障害者保健福祉手帳は都道府県（精神保健福祉センター等）が判定し、障害基礎年金については社会保険事務所が判定し、必ずしも等級の判定が同じではない場合があることを認識しておく必要があります。

4. その他の留意点

20歳前になると国民年金の加入通知が届きますが、障害基礎年金の裁定請求を行っている間は、支払が猶予されます。詳しくは市区町村の窓口に相談してみてください。
また、障害基礎年金の支給を受けている場合、働いているという理由で支給が停止されることはありませんが、本人の所得が一定額以上あるときは半額停止、または全額支給停止となります。この基準金額は年度毎に見直しが行われています。詳しくは市区町村の窓口で確認してみてください。

Ⅳ　障害者総合支援法（児童福祉法）

◆どんな時に利用する？……障害者向けの各種支援サービスの仕組みを一元的に定めた法律
◆どこで利用できる？　………利用の相談、申請は市町村窓口等で行う
◆どんなサービス？　…………各種の障害福祉サービスを「自立支援給付」と「地域生活支援事業」に区分
◆対象は？　……………………身体障害者・知的障害者・精神障害者（発達障害は精神障害に含まれる）
◆その他のポイント　…………サービスの利用に当たっては原則として１割の自己負担があるが、所得などに応じた減免制度もある

1．サービスの概要（法律の概要）

障害者が地域で安心して暮らせる社会の実現を目指して平成18年10月から障害者自立支援法が施行され、平成25年4月から「障害者総合支援法」が施行されました。

障害者自立支援法は、従来は障害種別の施設等で一律の支援を受けるしかなかった状況を改善し、障害の種別（身体障害・知的障害・精神障害）にかかわらず、身近な市町村で個々のニーズを組み合わせながら利用できるようにしたものです。

障害者総合支援法は、障害者の定義に難病等を追加し、重度訪問介護の対象者の拡大、ケアホームのグループホームへの一元化などが実施されています。

内容としては、日中と夜間を別々に日常生活のサポートや自立のためのトレーニングなどの障害福祉サービス、障害に関わる医療機関受診の公費負担、補装具の給付などがあります。これらは、全国一律のルールで提供されます。各自治体がその地域の実情に応じて居場所の提供や、放課後等の一時預かり、コミュニケーション機器の提供などのサービス提供を行う「地域生活支援事業」もあります。障害児のサービスは、児童福祉法に足場を置きながら、障害者自立支援法と同様の考え方で、障害種別を問わず

に発達支援を行うこと、身近な地域で障害の診断を受ける前からの支援を提供することができるようにしています。

また、障害者自立支援法から、国と地方自治体が責任をもって費用負担を行うことをルール化し、必要なサービスを計画的に充実させることを定めていますが、サービスを利用する人にも利用に際して原則として1割の自己負担を定めています（各種の減免措置があります）。

2. 発達障害への対応

障害者自立支援法に定義している障害者に発達障害は含まれていないという誤解がありましたが、精神障害の一部として（ICD-10のF80-89）元々含まれているものであって、対象者として排除しているものではないことを、平成22年12月の法改正の際に明確にしました。また、この法改正と同時に児童福祉法も改正されており、従来は「障害児」の定義に発達障害児が含まれていなかったという状態が改善されています。現在では、発達障害は障害者自立支援法においても児童福祉法においても、そのサービス対象者であることが明確になっています。

3. 利用のヒント

上記のように、発達障害者は障害福祉サービスの対象者とはなっていますが、現在はまだサービスを提供する事業所の質と量には地域差が大きいことから、十分に支援を受けられない地域もあります。しかし、今後は、当事者や家族自身が、各自治体の障害者支援の計画にこれらの充実を盛り込むよう要望を伝えることや、JDDネットや地域の家族会等の当事者団体、NPO等と協力してサービス事業所を自分たちで立ち上げるなど、自分の地域で必要なサービスを作りだしていくための方法も年々増えてきています。他人任せではなく、必要なサービスを整備していくために自らも行政や当事者団体と一緒に地域づくりを考えていくことが必要です。

第5章

支援機関

Ⅰ　子育て支援センター

◆どんな時に利用する？……	子育て全般にかかわる相談・交流を求める場合、居住する市区町村に設置されているセンターを利用できる
◆どこで利用できる？………	センターに直接電話する。居住する市区町村担当課（子育て支援課・児童家庭課等）に問い合わせる
◆どんなサービス？…………	子育て相談や子育てを支援、子どもの交流・保護者の交流の場を提供している
◆対象は？……………………	子育てをしている家族・保護者なら誰でも利用可
◆その他のポイント…………	育てづらいことやしつけがうまくいかないなど、子育ての中で誰でも悩むことを相談することができる

1．サービスの概要

子育て支援センターは子育て支援機関として、各地に設置されています。多くは市町村長に指定された保育所などに附置され、地域の子育て家庭に対して支援活動を行っています。センターには保育士や保健師などの専門職員を配置し、育児相談や指導、交流の場の提供（遊びの広場、子育て講座の開設、子育てルームの開放などの実施、子育てサークル等）を行っています。地域によっては、保護者主体による子育てサークルのサポートやボランティアの育成を推進すること、保育サービス等への付加した延長保育、一時保育、乳児保育、地域交流保育のほか、遊びの指導や世代間交流などの事業なども行っています。

2．発達障害への対応

実施事業については各地域センターによって違っていますが、発達障害の特性に絞って対応する事業はありません。しかし、子育てに困難を感じている場合や保護者が何らかのサポートを求めている場合には、誰でも子育て支援センターにおいて相談や指導が受けられます。

発達障害の支援について専門的な研修を積んでいる訳ではありませんが、子育ての中での困難さを理解し、一人一人に応じた子育てのあり方や専門機関への紹介を行っています。発達上の問題に気づいた場合には、一人で悩まないで、子育て相談等を気軽に利用することをお勧めします。

3. 利用のヒント

自分の子どもが育てづらい、または発達の遅れや困難さを抱えている場合、たとえ専門機関に行かなくても、しばらくの期間、子育て支援センター等を活用しながら、センター職員や保護者との交流をしながら子どもを育てていくようなことも必要なのではないでしょうか。保護者自身が子どもの発達の遅れに気づいたとしても、次のステップとなる医療機関における診断に進めるかどうかというと、ある程度の時間も必要なのです。決して一人で悩むことなく、不安や悩みをシェアーする人を見つけておきましょう。

4. 一言アドバイス

自分の子どもの行動を見ているだけでは、子どもの発達の状態を客観的に見ることは難しいものです。子育てサークルや遊びの教室などを通して、他の子どもの行動や生活状況を知ることで、自分の子どもの生育状態も知ることができます。その場合、親も人間ですから自分の子どもの成長発達の状況と他児を比較し、自分の子育て方法が未熟だとか、うまくしつけができていないなどと不安が高まったり、自分を責めたりすることがあります。しかし、子どもの成長や特徴は一人一人違います。現代社会の子育ての中の課題は、家庭や地域の中で母親が一人で子育てを担い、なかなか他者の手助けを得たり、子育てについて相談したりすることができないことであるといえるでしょう。地域の中で気軽に相談できる場として、子育て支援センターを活用してみてはどうでしょうか。同世代の方たちとの対人関係が苦手なお母さんには個別相談の場も設けているところもあります。

Ⅱ　児童家庭支援センター

◆**どんな時に利用する?** ……子どもの生活や行動に関する様々な悩みや不安がある時に利用できる

◆**どこで利用できる?** ………地域の入所型児童福祉施設に附置されていることが多く、各都道府県によって設置件数が異なる。各県子育て支援機関に問い合わせするとよい

◆**どんなサービス?** …………電話・FAX・来所による相談を利用できる。料金は無料で24時間対応している

◆**対象は?** ………………………保護者からの相談・子ども自身からの相談・保育所や学校・地域からの相談も可

◆**その他のポイント** …………各都道府県によって設置状況が異なっている。今後は設置数を増やしていく見込みである

1. サービスの概要

子どもや保護者・関係機関に対し、ケースワーカーや保育士などが援助にあたっています。また、心理学・発達心理学などの視点から援助のできる心理士が配置されている場合があります。相談業務は24時間受け付けており、電話や来所・訪問などの方法で行っています。児童相談所の判断によって地域での継続的な支援が必要とされた場合には、児童家庭支援センターが相談を引き継ぎ、支援を進めていくこともあります。

各センターでは、子育てに関する情報提供、センター施設を活用し、その地域の特色を生かした活動と事業（子育てサロン、グループ活動、講座、子育てサークル等）を進めています。

2. 発達障害への対応

発達面の遅れや、子どもの心とからだのことが気になる場合、相談を進めることができます。また、保育所（園）・幼稚園における集団活動の中で気になる点があった場合にも、保育所（園）・幼稚園を通じて相談を依頼することができます。小中学校における学習面のつまずきや友人関係の

トラブルなどの心配が生じた場合にも相談することができます。必要であれば、発達検査等を実施し、専門機関への紹介や医療診断につなげていくこともできます。

3. 利用のヒント

保護者が必要だと思った時には、児童相談所・福祉事務所・市町村家庭児童相談室・幼稚園・保育所・学校・保健所・保健センターなどとも連携を取ることができます。近年では、子育てが母親一人に集中してしまい、何か問題が生じた時には母親自身が悩みや不安におそわれ、一人で責任を背負ってしまうことが多いようです。地域の力を活用し、家庭を取り巻く関係機関のネットワークを有効に活用し、子どもや家族が地域の中で生き生きと生活できるような仕組みを作ることが大切といわれています。地域の子育て支援を上手に活用しながら、子育てをしていきましょう。

4. 一言アドバイス

保護者にとっては、身近な地域で気軽に相談できる相談者の存在は大変大きいものです。

発達支援センターと並んで、子どもの生活や行動に関する具体的なことがらを相談する場所として、保育所(園)・幼稚園・学校などとも適当な距離感を保ち支援を進めていく相談機関です。利用者の秘密や不都合なことに関しての情報管理についても信頼がおける機関ですので、安心して利用できます。

Ⅲ　教育センター・特別支援教育センター

◆**どんな時に利用する？**……不登校、いじめ、体罰、心理的な問題、学習の遅れなど様々な教育問題について相談を受けることができる。特別支援教育センターの場合、知的障害、視聴覚障害、肢体不自由、病弱、情緒障害の子どもの支援方法や進路相談、家庭生活相談も受けることができる

◆**どこで利用できる？**………各都道府県には教育センター、教育総合センター、特別支援教育センターなどの名称で設置されている

◆**どんなサービス？**…………電話相談・来所相談、都道府県によっては巡回相談（移動教育相談）の形態の場合もある

◆**対象は？**……………………幼稚園・保育所、小中学校在籍児童生徒とその保護者・家族、教員、高校生も一部は可能（都道府県によって違う）

◆**その他のポイント**…………学校生活や学習にかかわる相談が多い。学校在籍期間中の相談については機関連携が取りやすい

1. サービスの概要

教育に関することなら、どのようなことでも保護者・子ども・教員からの相談を受け付けています。電話相談・来所相談、巡回相談等の形態も実施しており、都道府県によっては遊技療法・グループカウンセリング等を行っているところもあります。不登校・ひきこもり・家庭内暴力などの場合は訪問指導を行っているセンターもあります。相談者の希望があれば学校と保護者との間に立って、調整を進め、支援体制を作ることができます（受付方法等はセンターによって異なりますので、確認してください）。

2. 発達障害への対応

最近では、学校における不適応行動の背景に発達障害があることが認識

されるようになってきました。教育センターや特別支援教育センターでは、相談業務と併行して発達検査や心理検査を実施することもできます。

二次的障害に陥ってから相談を開始する場合と、それ以前の段階では支援方法が異なりますが、不登校や非行といった生徒指導分野の行動上の問題で相談に訪れた方々の30～40％の割合で発達障害のある児童生徒が含まれることが分かってきました。小学校早期の段階からの生活上の困り具合への気づき、それに対する丁寧な支援が重要であるという認識を全国の学校教職員・保護者が持つ必要があります。特別支援教育センターにおいては、発達面のアセスメントを実施することもあるので、それを基に学校と連携して個別の教育支援計画の作成などにつなげていくことも可能です。

3. 利用のヒント

教育センター・特別支援教育センターで相談にあたる相談員は、教師として学校現場で教育活動に携わっていた方が多いので、学校のシステムや学校でできる支援方法についての情報やノウハウを持っている場合が多いようです。学校での不適応や支援方法の改善を求める場合には利用しやすい機関です。教育センター・特別支援教育センターと学校との連携協力を進めることで、子どもの成長発達をより促進するきっかけを作ることができます。

千葉県総合教育センター・特別支援教育部の場合

特別な教育的支援が必要なお子さんについての教育相談を行っています。
・学習につまずきや遅れがある、あるいは行動が気になる子どもの支援について
・LD、ADHD、高機能自閉症等の発達障害児に関すること
・その他養育上の問題で困っていること　など
◎来所相談：電話にてお申し込みください。予約制で行っています。
　※原則として　平日　午前9時～午後5時
◎電話相談：教育相談専用　TEL：043-207-6025
　※原則として　平日　午前9時～午後5時
◎医療相談：希望により耳鼻科・精神科・小児科等の医師による相談
◎出張相談：来所相談者の中から必要に応じて保育所・幼稚園・学校等に所員が伺い相談を行います。
◎メール相談：メールアドレス　sosesoudan@chiba-c.ed.jp
　※必ず「相談」という件名にしてください。

Ⅳ　児童相談所

◆**どんな時に利用する？**……子どもの行動や性格に関すること・不登校・非行・学習の遅れ・養育の困難・虐待など子育て全般について

◆**どこで利用できる？**………各県・政令指定都市・中核市規模に設置され、平成23年12月現在、全国に206カ所（支所を含む）設置されている

◆**どんなサービス？**…………相談・援助業務（養育・発達・非行・里親・虐待など）・心理／医学診断等の実施・一時保護・療育手帳の判定・他機関への紹介など多岐にわたる

◆**対象は？**……………………0～18歳未満の子ども・親・家族・教師・一般市民など。電話・来所相談を行っている

◆**その他のポイント**…………医療的なケアや福祉的なサービス利用に関する地域情報が集約されているので、子育てに関する悩み相談の入口として利用しやすい

1. サービスの概要

児童相談所は、0歳から18歳未満の子どもの成長に伴って生じる様々な問題や悩みについて、児童の権利擁護の視点に立ち、児童福祉法に基づいて設置された機関です。児童相談所には、児童福祉司（ケースワーカー）・児童心理司・医師・児童指導員・看護師・保育士などの専門職が相談・サービスにあたっています。

なお、平成17年4月からは、市町村にも児童相談業務の実施が責務とされ、児童相談所との連携の下で児童相談所と同様のサービスの提供がなされています（市町村子育て支援担当課）。

2. 発達障害への対応

子どもの成長に伴うことばの遅れ・学習面の遅れ・対人関係やコミュニケーションがうまくいかないことについて、身体的・心理的な健康面に関

すること・生活習慣や習癖など子どもの生活上の気になる点について相談を行ってくれます。子どもの成長の中で気になることを糸口に相談を進め、保護者や家族に助言や情報提供が行われます。

3. 利用のヒント

近年、児童相談所は児童虐待に対応する窓口機関として注目されることが多いのですが、本来の児童相談所の設置目的は、地域での子育てを支援し、親や家族の相談や、子ども本人への関わりを通して、その家族・本人の持つ機能を支え、子どもの成長発達を促していくことです。

児童相談所は子どもの福祉的なサービス活用の窓口でもあり、同時に地域の福祉、子どもの保健医療、教育の中核として連携・協力する機能や役割も担っていますので、家族の健康上の問題や生活面の困難さ、あるいは経済的な問題などについての悩みなどについても相談し、他機関との連携を行う機能も備えています。

児童相談所は各都道府県に2カ所以上設置されています。相談については、相談のタイミングや地域の他の社会資源とのバランスも関係します。利用にあたっては、そのあたりのことも考え、自分に合う窓口を選択することが大切となります。

東京都の場合

◆「東京都内の児童相談所について」

東京都には東京都児童相談センターを含め、11カ所の児童相談所が設置されています。東京都児童相談センターの利用案内を紹介します。

・所 在 地：〒162-0052 東京都新宿区戸山3-17-1 TEL：03-3208-1121
・夜間相談：行っていません
・料　金　：無料
・担当地域：千代田区／中央区／港区／新宿区／文京区／台東区／渋谷区
　豊島区／練馬区／諸島
・電話相談：TEL：03-3203-4152
　月曜～金曜　9：00～20：30
　土･日･祝日　9：00～17：00　年末年始を除く
・来所相談：受付時刻　月曜～金曜　9：00～17：00
・利用のポイント：直接相談をしたい場合、あらかじめ電話で予約することをお勧めします。
・HP：児童相談センター・児童相談所HP
　http://www.fukushihoken.metro.tokyo.jp/jicen

Ⅴ　保健所・保健センター

◆どんな時に利用する？……子どもの発育発達の心配や育児上の悩みなど。こころやからだの健康について年齢や内容にかかわらず相談することができる
◆どこで利用できる？………保健所、保健センター
◆どんなサービス？　…………こころとからだの健康、子どもの発育発達上の悩みについて相談することができる。乳幼児健診・子育て支援教室や相談・栄養指導・予防接種・健康情報の提供など
◆対象は？　……………………乳幼児から高齢者まですべての方が対象
◆その他のポイント…………乳幼児健診の実施機関でもあり、母子保健についての専門職が配置されている

1．サービスの概要

保健所の子どもに対するサービス内容としては、健康相談・健康診断・保健指導を行うほか、心身に障害のある子どもや長期療養の必要な子どもへの相談・指導を行います。保健所所長は原則として医師で、地域全体の母子保健や健康管理・保健衛生・医療施策の推進と情報提供を行っています。

市町村保健センターは、市町村における母子保健・成人や老人保健の拠点・健康づくりの場となっており、その担い手の中心となっているのは保健師です。子どもに対するサービスでは、乳児健診・1歳6カ月児健診・3歳児健診等の実施、障害の早期発見・早期発達支援（療育）を進め、家族の支援を含めた母子保健支援の中心となっています。また、子育てに関する相談・子育て教室・思春期相談等を実施しており、適切な相談機関や発達支援の場を紹介・助言しています。

2．発達障害への対応

乳幼児健診では保護者への問診や子どもとの関わりを通して、子どもの心身の発達面のチェックを行い、必要に応じて個別相談や発達検査を実施

します。乳幼児期においては、母子を1組のユニットとして支援していく必要があり、保健師は母親の子育てに関わる不安や悩みに対する相談や助言を中心に支援を進めていきます。地域によっては、発達の気になる子どもの事後健診・経過観察を行いながら「子育て支援教室」等を実施し、保健師・心理士・保育士などのスタッフで親子遊びや情報交換の場を設け、集団・個別の対応を進めています。子育てのしにくさを感じている保護者への子育て支援や、言葉の遅れ・視線が合わない子どもへの発達支援を行っています。

3. 利用のヒント

乳幼児健診は発達面に心配のある子どもに対するチェックや診断名をつけることではありません。健診結果に基づいて療育・医療機関を紹介し、子育てを担う親を支え、その子どもにフィットした子育て方法を提供できるよう一緒に考えてくれるパートナーとして保健師が存在します。子を産み、子育てを始めたばかりの時期に、健診を受け、発達の遅れや困難さを指摘され、第2次健診や個別問診に向かうデリケートな時期に対応する機関です。発達の遅れに気づき、発達障害等の発見から診断、発達支援が始まるまでの段階では、親も動揺が激しく、誰に何を相談してよいかわからないことも多いのですが、この時期だからこそじっくりと子育てに関する悩みや不安を身近な地域の保健師さんに相談したいものです。

4. 一言アドバイス

最近では少子化が進み、地方では住んでいる地域に同年代の子どもが少なくなっています。保育所や幼稚園に通う前の時期に、同年代の子どもたちと遊ぶことや保護者同士の関わりや情報交換の場として、「子育て教室」等を利用してみてください。

保健所・保健センターへの問い合わせについては、居住している地域によって窓口が異なりますので、各市町村の保健担当課に直接お電話等でお問い合わせください。

全国保健所・全国保健センター一覧は、「国立保健医療科学院」のHPの中のリンクがあります。

http://www.niph.go.jp

Ⅵ　都道府県精神保健福祉センター

◆どんな時に利用する？……こころの悩みや病について相談、精神保健に関わる情報提供を行うほか、思春期、ひきこもり、依存症等の相談を行っている

◆どこで利用できる？………センターは身近な相談機関から必要に応じて紹介を受け、面接相談を紹介されることが多い

◆どんなサービス？…………相談事業の他、教師や支援者に対するコンサルテーション、研修会や講演会の開催。精神保健に関する情報・資料の提供、関係機関との連携など

◆対象は？……………………思春期以後老人までが対象

◆その他のポイント…………一部のセンターではグループによる相談、デイケア、家族教室等も実施しているので、青年期になって発達障害と診断された方々には、センターでの相談や活動への参加が社会参加への足がかりとなることもある

1. サービスの概要

平成24年現在ではすべての都道府県、20政令指定都市に1カ所以上ずつ設置されており、主に思春期を入口として、青年期から成人期以後のライフステージを対象にこころの相談業務と法律に基づいた精神保健に関わる技術援助や教育研修、普及啓発、情報提供等を推進しています。また、精神障害者の公費医療負担審査や精神障害者保健福祉手帳の判定等の業務も行っています。

主な相談は、近年増加傾向にあるうつ病、職場の悩みやストレスに関わること、アルコールや薬物依存症、自殺に関すること、家族間暴力や社会的ひきこもり等の相談があります。

2. 発達障害への対応

最近では、高校生や大学生、社会人になってから高機能広汎性発達障害

（アスペルガー症候群）やADHD、LDなどの診断を受ける方々も多く、個別相談やグループセッションによって家庭以外の居場所を広げ、社会参加の糸口を見つけ出そうとする方々も増えています。知的障害がない発達障害者の方々が福祉的な支援を受ける際の助けとなる、精神障害者保健福祉手帳の交付の判定を受けるために利用することがあります。

3. 利用のヒント

青年期になるとセンターでの面接相談に本人が来所することが難しいケースがあります。その場合、保護者がセンターに予約を入れ、保護者相談から開始することをお勧めします。センターには精神科医・精神保健福祉士・心理士・保健師・看護師、作業療法士等が配置され、必要に応じて支援体制がとられています。一部のセンターでは、グループ活動やデイケア、それぞれの状態像に応じたケア体制が進められています。青年期以降に発達障害ということが明らかになったとしても、「今からでも決して遅くない」という確信と希望を持って支援を開始することが大切です。

北海道立精神保健福祉センターの場合

◉来所相談　相談においでになる方は予約が必要です。
・相談予約は月～金　8：45～17：30
電話：011-864-7000
・こころの健康に関する電話相談を行っています。
月～金　9：00～21：00
土・日・祝日　10：00～16：00（12月29日～1月3日を除く）
電話：0570-064556（こころの健康相談統一ダイヤル）

◎道立精神保健福祉センターは、基本的に札幌市民以外の道民の方々を対象として相談をお受けしています。札幌市民の方は札幌こころのセンター（札幌市精神保健福祉センター）の相談をご利用ください。
電話：011-622-0556
◎遠方でなかなか来所できない方には保健所のご利用をお勧めします。
保健所では精神保健福祉に関するいろいろな事業を行っています。
最寄りの保健所を気軽にご利用ください。

地域により、対象や利用方法などが異なることがありますので、地域のセンターか保健所に問い合わせてみてください。
全国の精神保険福祉センター一覧が下記の厚生労働省のHPにあります。
http://www.mhlw.go.jp/kokoro/support/mhcenter.html

Ⅶ　発達障害者支援センター

◆どんな時に利用する？…発達障害者に関する相談全般
◆どこで利用できる？……都道府県から発達障害者支援センターを委託された法人施設、または都道府県直営の施設に設置されている
◆どんなサービス？………相談支援、発達支援、就労支援、普及啓発・研修 等
◆対象は？………………………発達障害児・者、またはその疑いのある本人とその家族、発達障害に関わる関係機関
◆その他のポイント ………都道府県に各1カ所設置、政令指定都市にも順次設置
本書の「第6章 資料編」に一覧を掲載している

1. サービスの概要

各都道府県、政令指定都市に設置されている発達障害専門の公的支援機関です。地域の拠点機関として発達障害者とその家族の生涯にわたるあらゆる相談を受けています。

幼児期から成人期にいたる相談は多岐にわたるため、直接の指導、助言のほか、関係機関（市区町村、保育所、幼稚園、学校、職場、療育施設、福祉施設、就労支援機関、医療機関、民間支援機関、当事者団体、親の会等）との連携を図り、ケースに応じたコーディネートをしてもらえます。なお、相談料は基本的には無料です。

2. 発達障害への対応

発達障害者支援センターは、基本形として4名の専門家が配置され、相談にあたることになっていますが、地域によってはさらに増員されています。支援内容の基本は、「相談支援」「発達支援」「就労支援」「普及啓発と研修」です。個人（本人または家族）の発達障害に関わる育児、生活、家族関係、学校、職場等での問題への対応に加え、発達障害に関連する施設、保育所、幼稚園、学校、職場等の機関からの相談に応じ訪問支援等も行われています。

その他の支援内容には各センターによる特色があり、心理検査、発達評価、巡回相談、訪問支援、デイケア、療育、ソーシャルスキルトレーニング、カウンセリング、個別の支援計画の作成、医師の診断等々の可能な機関もあります。これらの支援がない場合でも連携している機関を紹介してもらえるので、何でも相談してみましょう。また、センターによっては、ブランチとして複数の相談窓口を持っているところもあります（相談以外の支援に関しては、無料の場合も、有料の場合もあります）。

3. 利用のヒント

予約制になっているセンターが多いので、まずは電話してみましょう。相談の要点、希望することを事前に整理し、簡単にメモしておいて電話するとスムーズでしょう。面接相談のほか、電話、メールでの相談を受け付けているセンターもあります。

相談内容にもよりますが、面接相談時には、母子手帳、成育歴、診断歴等々、相談内容に関連した資料の用意があると便利です。

発達障害者支援センターは施設が独立している場合もありますが、多くは、地域の社会福祉法人に委託されているか、行政の施設の中に設置されています。多機能の施設の一部に位置することが多く、入口がわかりにくいこともありますので注意が必要です。

4. よくある相談例

※「幼稚園で友達と遊べません。こだわりが強く、偏食もあります。うちの子は発達障害でしょうか？」

※「小学校低学年、学力のアンバランスが目立つ。集中時間が短くぼんやりしている。LDではないかと学校で言われたが…」

※「幼児。子どもと気持ちが通じない。自閉症とわかっているが親としてしつけ方がわからない。イライラしてつい叱りつけることが多く悩んでいる」

※「成人。自分は職場でのトラブルが多い。仕事が中途半端になり時々混乱する。片付けられない。忘れ物も多い。自分では発達障害と思うが精神科はどこで診てもらえばいいか」

※「娘が広汎性発達障害といわれました。仕事に就けず家にひきこもっています。これからどう生活すればよいのでしょうか。障害基礎年金や手帳は取得できますか」

Ⅷ　医療機関

◆**どんな時に利用する？**……発達について医学的な診療を求めるとき。検査、投薬、指導助言を望むとき。診断書、意見書が必要なとき

◆**どこで利用できる？**………病院、診療所、療育センター

◆**どんなサービス？**…………診断、治療、検査、相談（医療機関により異なる）

◆**対象は？**……………………全般（医療機関による）

◆**その他のポイント**…………コミュニケーションを取りやすい医師、医療機関を探すとよい

Q **子どもの発達に疑問を感じたとき、専門的に発達障害を診断、発達支援する医療機関は、どこにいけばいいのでしょうか？**

A 精神科？ 神経科？ 心療内科？ 心理発達外来？ 馴染みのない診療科目の名前だけで戸惑う方もあるでしょう。医療機関も、規模の大きな総合病院？ 療育センター？ クリニック？ いろいろあって迷ってしまいます。

以下は医療機関の種類と主な特徴です。これはあくまでも一般的な記述にすぎません。ここが絶対良いとお勧めするものではないことをご了承ください。

1. サービスの概要――医療機関の種類と特色

(1) こども病院

子どもが幼児から低学年の場合には、地域のこども病院があります。診療科目の中の精神科、神経科、心理発達外来等で、診察、発達検査または知能検査、心理検査等が可能です。

対象年齢は、初診を15歳くらいまでに限定している病院もあります。再診は20歳までとし、継続が必要な場合はさらにキャリーオーバー診療として成人になっても診てもらえる場合もあります。

スタッフが子どもの扱いに慣れていて、雰囲気も優しいのではじめにかかるには子どもへの負担が少ないのが特徴です。

(2) 総合療育センターという名称の医療機関

療育センターとは診療所、通園施設、福祉相談室があり、外来療育、通園療育、巡回療育の3つの療育機能をもち、利用者のニーズに応じたサービスを提供する施設のことです。

障害やその心配のある子どもを対象に、早期発見と早期療育、各種療育相談、巡回等で子どもの発達評価を行うとともに、運動面や言語・心理面への支援を行います。また、必要に応じて脳波検査等を行います。幼児期の相談、診断、就学前の療育や子育て支援を望む場合は、訪れてみるとよいでしょう。

地域の公立の療育センターと、社会福祉法人等民間による療育センターがあります。地域によっては、療育センターという名称ではないこともあるので、市区町村に問い合わせてみましょう。

(3) 大学付属病院・国、公立病院・総合病院に設置された小児科

大学病院は、医学部のある大学や医科大学に併設されている病院で、「大学付属病院」と呼ばれているものもあります。ほかの病院との大きな違いは、一般の病院は「診療」を中心にしているのに対し、大学病院は「診療」に加えて、「臨床教育」および「臨床研究」という役割を担っています。

国立病院機構（独立行政法人国立病院機構）は、全国146の病院を一つの法人として運営しており、重要で国民の関心が高い疾患について、全国

的なネットワークを形成して取り組むとともに、地域のニーズにあった医療の提供、質の高い臨床研究、教育研修の推進を目指しています。国立病院の中でも、さらに高度な専門医療を指向する機関が国立高度専門医療研究センターです。

都道府県立病院、市立病院等の公立病院は、地域医療の中核である総合的な病院の機能のほか、高度医療の提供、救急救命医療に関わる重症な救急患者への救命医療の提供等の役割を担う病院です。

総合病院とは、100床以上で主要な診療科（最低でも内科、外科、産婦人科、眼科、耳鼻咽喉科の5科）を含む病院のことです。

制度的な名称ではありませんが、一般的に大きな病院に対して使われるよび方です。

大学病院、国公立病院、総合病院等の大きな病院は、診療科が多岐にわたるため、他の科と連携した治療が受けられる利点があります。また、検査設備やスタッフ、高度医療に対応する能力が充実しているのも特長です。診療時間が午前中に限られていることが多いため通院しづらい、検査、診察、会計、薬剤などでのすべての待ち時間が長く、じっくりと時間をとった診察が難しいといった患者の経験を聞くこともあります。

また、事前に心得ておくと慌てなくてすむことなのですが、大学病院の場合は、医師の異動があるために主治医が変わってしまうことがあります。大学病院や総合病院のうち、研修指定病院では教育機関を兼ねているので治療目的だけではないため、研修医が同席することがあります。

＜参考＞国立高度専門医療研究センターのうち、子どもの発達を診療する機関には次の病院があります。

・独立行政法人　国立精神・神経医療研究センター病院
＊旧武蔵病院（東京都小平市）
・国立国際医療研究センター国府台病院　児童精神科（千葉県市川市）
・国立成育医療研究センター　発達心理科こころの診療科（東京都世田谷区）

(4) 児童精神科が設置された病院

児童精神科の専門外来や病棟のある病院・施設です。こころの診療科などの科名を使い精神科という名称を使わない病院もあります。この領域は専門性が要求される割にはまだまだ充実していません。児童精神科のある病院も、専門の医師も大変少ない現状があります。

児童精神科は、小児の精神科の治療に専念し、臨床経験を積んだスタッフが多いのが特長です。ただし、発達障害を診療するかどうかは、精神科の医師によっては得意不得意の分野があるので、確かではありません。

児童精神科のある病院には、精神科専門のケースワーカーやソーシャルワーカーがいて地域連携や医療方針などについて相談がしやすいところもあります。

＜参考＞子どもの心の診療ネットワーク事業による拠点病院について

近年、社会的課題となっている子どもの心の問題、児童虐待や発達障害に対応するため、厚生労働省は平成23年度より「子どもの心の診療ネットワーク事業」を展開しています。

各地域の拠点病院を中心として、地域の病院・児童相談所・発達障害者支援センター・保健所・保健センター・療育施設・福祉施設・学校等教育機関（保育所・幼稚園・学校など）・警察などと協力し、お子さんのケアを行っていきます。また、子どもの心を専門に扱う医師やその他の専門家の育成、子どもの心の問題に関する正しい知識の普及などを行っていきます。

中央拠点病院としては、都道府県拠点病院に対する支援、医療の均てん化推進、専門家派遣、研修、調査研究、情報収集・情報の提供、普及啓発に取り組んでいます。

各地の拠点病院窓口　http://kokoro.ncchd.go.jp/madoguchi.html

(5) 小児神経科外来が設置された病院

精神科と似たようなところで、神経科、精神神経科、神経精神科などの診療科目がありますが、これらもおおむね精神科と同じだと考えてもよいようです。「神経科」は精神科領域の病気を脳の構造の変化と心理的変化との密接な関係があることを念頭において理解し、神経系の活動と精神病との関係の観点から、様々な診断検査を通して、脳をより生理学的、化学的にみていこうとする傾向があります。

小児神経科を掲げて外来診療を行っている医療機関はたいへん少なく、小児科、小児精神神経科等に専門医が所属していることが多いようです。

(6) 診療所（クリニック、医院）

入院のベッド数が20床以上の医療施設を病院とよびます。入院施設がないかまたは19床以下は診療所とよばれています。

身近で気楽に入りやすい医療機関が多く、待ち時間が少ない、患者数も大病院ほど多くない、通院で治療する等に特徴があります。診療時間も、午後、休日にも行っている所もあります。小児科の診療所は、軽微な症状や日常の一般的な病気・健康に関する疑問や心配に対応するプライマリケア（初期段階の医療）を行うことに大きな役割を果たしています。ただし、脳の検査等はほとんど機器もなく、検査スタッフもいない場合が大半ですので、大学病院への紹介状を出してもらうと良いでしょう。

2. 発達障害への対応

一口に精神科、神経科といっても、病院によって扱う領域に大きな差があります（担当している医師の専門領域によるところも大きい）。

大学付属病院、総合病院の小児科には、発達障害外来や言語発達外来をもち、発達障害に特化した外来窓口を開いている病院があります。研究のニーズとマッチすると、療育グループに入れる場合もあります。

診療所の精神科、神経科の中でも医師によっては得意不得意の分野があるかもしれませんが、思春期問題しか診られないとか、うつ病に限局しているというようなところは、診療所ではあまりなく、広く精神科領域にわたって診療してもらえます。医師がどうしても苦手な領域だという場合は提携している医療機関に紹介状を書いてもらうこともできます。

多い例ではありませんが、小児精神科対応の診療所の中で、特に発達障害の専門医が開業する精神科診療所（発達クリニック等）には、初診まで何ヶ月待ちという、行列のできる医療機関もあります。

3. 利用のヒント

発達障害の専門医、医療機関が、大幅に不足しているというのが現状です。医療機関にかかるときは発達障害（高機能広汎性発達障害、ADHD、LD等）の診断及び発達支援を行うことができる医療機関かどうか、よく調べてから受診するようにしましょう。

＊発達障害者支援センター、児童相談所で紹介してもらう

＊親の会の小冊子等の支援機関リストで調べる

＊地域の発達障害の親の会や当事者グループに相談してみる
など、自分でも調べ目的に合った医療機関を探しましょう。

※注：インターネット等には発達障害の治療等をうたった医療相談や心理相談所が掲載されていますが、専門的でない情報も中にはあるので十分気をつけましょう。

大学病院、国公立病院、総合病院は一般に組織が大きくシステムが複雑です。専門の外来は曜日や時間が限られていますから、電話して予約を取りましょう。受診の際には医師の紹介が必要なところがあります。また、受診可能な年齢も異なるところがあります。慣れない病院の初診の外来では少し入りづらい雰囲気があるかもしれませんが、総合相談窓口などを設けて案内してもらえる病院もあるので利用しましょう。

大きな病院は、高度医療を提供する反面、「臨床教育」と「臨床研究」の場でもあるため、経験の浅い研修医が治療を担当している場合や、診療そのものが医学生の教育や研究に提供させられることもあるようです。まず電話して、専門医の診察の予約を取って出かけたほうがよいでしょう。知人や紹介などがあって、総合病院やクリニックなどに行く場合はその部分での心配はなくなりますが、万一合わない場合は子どもの障害や心の問題を解決するために行くのですから、医療機関に対する気遣いよりも、子ども優先に考えましょう。病院やドクターを変えるのは自由です。

受診の際、保険証、医療証を忘れないようにすることはもちろんですが、母子手帳や、通院歴、病歴、成育歴を整理して持っていると問診のときに役に立ちます。

短い診察時間でも、子どもの気になっていることに関連したエピソードを上手に伝えると診断の役に立つことがあります。子どもと同席して話すため、子どもに聞かせたくない成育歴やエピソードを医師に話すことができないといった発達障害の保護者の意見もあります。子どもも、親に聞かせたくない相談を持っていることもあります。正直に受診側の希望を述べ、親子別にできるか、一緒がいいかなど相談し、折り合いをつけていくことも、受診のコツです。

4. その他（類似した科名について）

「心療内科」は、精神的な問題が原因で身体的な病気になってしまう

「心身症」と言われる病気を中心に扱います。胃潰瘍、過敏性腸炎、喘息（ぜんそく）、アトピー性皮膚炎、パニック障害、心因性嘔吐、摂食障害、心因性頻尿、筋緊張性頭痛、過呼吸症候群、不眠症、 起立性低血圧、立ちくらみなどに対する外来治療が中心です。発達障害の診療をする心療内科もあるので、確かめるとよいでしょう。

名称が似た診療科目に「神経内科」がありますが、これは心理発達を扱う科ではありませんので、注意しましょう。脳や脊髄、末梢神経、筋肉などの知覚、運動に障害があった場合に受診する科です。発達障害でも神経学的な症状を伴っている場合には受診の必要がある場合もあります。

Ⅸ　当事者団体・親の会

◆**どんな時に利用する?** ……親の会に入会したい、どんな会か知りたい、連携したい
◆**どこで利用できる?** ………各会の会合、相談会、事務局
◆**どんなサービス?** …………会員相互の交流、ピアカウンセリング、勉強会、レクリエーション、行政への要望活動、啓発活動、出版等
◆**対象は?** ……………………発達障害児・者を子にもつ親、本人
◆**その他のポイント** …………子のグループ活動、ソーシャルスキルトレーニング、ペアレントトレーニング等、会によって様々な活動がある
親の会以外にも、NPO法人になっている支援団体がある

1. サービスの概要

親の会などの当事者団体はサービス機関ではなく、自助グループです。会からのサービスをもらうだけでなく、会員として協力して支えあう活動、発達障害児・者の健全な育成と、生き生きした生活を実現するために支援し、環境を改善する活動などに取り組んでいます。

それぞれの会によって発足の経緯も具体的な活動内容も違いますが、同じような悩みや困難を抱える保護者が集まり、安心して何でも子どもの話ができる場を持つことから始まっているところが多いようです。そして、継続した会合を持ち、親睦を深め、レクリエーションや勉強会をして子育て支援、療育、家族支援、教育環境改善、進路開拓、就労支援、福祉、自立支援へと幅広い活動を広げています。対外的には、行政への要請活動、社会一般の理解を求めた啓発活動、専門の支援を求めた研究協力、他の親の会との連携等も行われています。

発達障害児・者がとても個性的であるように、親の会もそれぞれが個性的で活動形態も組織も様々です。どんな活動をしているのかは、各会に問い合わせてみましょう。

2. 発達障害への対応

発達障害の親の会は、主に障害名別に大小の会がたくさんあります。その代表的なものは、社団法人日本自閉症協会（自閉症・アスペルガー症候群・高機能広汎性発達障害等）、NPO法人全国LD親の会（LD等発達障害）、NPO法人えじそんくらぶ（ADHD）、NPO法人EDGE（ディスレクシア等）、NPO法人アスペ·エルデの会（アスペルガー症候群・LD等）です。これらの会は、各地で、支部活動や、地域別の会活動をもち、地域の状況に合わせた活発な活動が行われています。日本発達障害ネットワーク（JDDネット）を結成し、専門家や職能団体等の発達障害に関わる団体との連携を図っています。

また、そのほかにも、JDDネットのようなネットワークには入っていませんが、地域で発達障害の療育や会合を実施している会がたくさんあります。地域にどんな会があるか、調べてみましょう。

<参考>日本発達障害ネットワーク　ホームページより

「一般社団法人日本発達障害ネットワーク」は、従来制度の谷間に置かれ支援の対象となっていなかった、あるいは適切な支援を受けられなかった、自閉症、アスペルガー症候群その他の広汎性発達障害、学習障害、注意欠陥多動性障害等の発達障害のある人およびその家族に対する支援を行うとともに、発達障害に関する社会一般の理解向上を図り、発達障害のある人の福祉の増進に寄与すること目指します。

「一般社団法人日本発達障害ネットワーク」は、「NPO法人アスペ・エルデの会」「NPO法人えじそんくらぶ」「NPO法人EDGE」「NPO法人全国LD親の会」「社団法人日本自閉症協会」の5団体を発起団体として、2005年12月3日に発足しました。日本発達障害ネットワークは、発達障害関係の全国団体・地方団体や発達障害関係の学会・研究会、職能団体なども含めた幅広いネットワークです。

(注：正会員・エリア会員は団体のみ。サポート会員は団体・個人とも可)

3. 利用のヒント

入会相談

本部から地域の団体を紹介してもらうか親の会リストなどで調べ、電話、メール等で相談し、団体のリーフレットや会報、入会申込書などを参考に送ってもらうと、おおよそのことがわかります。会合の見学ができるなら、参加してみると、団体の雰囲気、メンバーなどがわかります。

入会手続き

自分と子どもに合いそうな会だと感じたら、入会しましょう。入会方法も、会によって違いがありますが、多くの会が、申込書の記入と入会金、会費等の振込みによって完了します。

活動に参加する

入会しても、会費を払うだけの幽霊会員では、親の会に参加した意味は少ないといえましょう。会の会合やイベントに参加し、会員たちと交流を深めていくことで、たくさんの得るものがあるでしょう。

地域のレアな情報や、先輩会員の体験、医療機関や進路情報、子どもとの付き合い方、どれも、インターネットにも、刊行物にも載らないことばかりです。親子一緒に参加した親の会のレクリエーションで、子どもに初めて友達ができたと喜ぶお母さんもいます。1回、2回であきらめず、何度か参加しているうちにいろいろな出会いが新しい道へ踏み出す力を与えてくれることでしょう。

4. よくある質問

Q 子どもの発達をみてもらい医療機関で複数の障害名を告げられました。親の会に入りたいと考えていましたが、どの会に入会したらいいのかわかりません。

A 会によっては、入会時に診断等の独自のハードルを設けているところもあると聞きますが、それぞれの会に聞いてみると、案外いろいろな障害特性の方たちが混じって入会していることがわかります。本人や家族が一番困難に感じていること、緊急を要することを優先して、問い合わせをしてみてはいかがでしょうか。

見学等で、雰囲気が居心地良く、安心して一緒に活動できそうなら、気軽に入会してみましょう。

発達障害は症状が重複して現れることが多く、複数の診断名をもつ方もたくさんいます。保護者の中には、全日本手をつなぐ育成会、社団法人日本てんかん協会、全日本ことばを育む会、日本トゥレット協会、高次脳機能障害家族会、等々に併せて入会している方もいます。親の会は自助グループですから、負担や分担も伴いますが、積極的に参加すると参加しただけ得られることも多いという面があります。複数の会に参加する場合でも、自分のお子さんのタイプにあった会、居心地の良い会を見つけ、軸足を置く会を決めておくことがコツだと思います。

第6章

資料編

I　診断早見表

このハンドブックでは、WHOによるICDと、米国精神医学会によるDSMの二つの診断基準が使われています。ICDは第10版が使用されています。DSMは2013年5月に第5版が米国で公刊され、翌年に日本語版が出ました。このハンドブックでは、DSM第4版の診断名も出てきます。この診断早見表を参照ください。

ICD-10	DSM-5	DSM-IV-TR（参考）
F7　精神遅滞	**神経発達症群(すべて症または障害)**	**通常、幼児期、小児期、または青年期に初めて診断される疾患**
F70：軽度	知的能力障害群	**精神遅滞**
F71：中等度	軽度	軽度
F72：重度	中等度	中等度
F73：最重度	重度	重度
	最重度	最重度
	全般的発達遅延	精神遅滞、重症度は特定不能
	特定不能の知的能力障害	
F8　心理的発達の障害		
F80：会話および言語の特異的発達障害	**コミュニケーション症群**	**コミュニケーション障害**
80.0：特異的会話構音障害	言語症	表出性言語障害
80.1：表出性言語障害	語音症	受容ー表出混合性言語障害
80.2：受容性言語障害	小児期発症流暢症(吃音)	音韻障害
80.3：てんかんに伴う獲得性失語（ランドウ・クレフナー症候群）	社会的コミュニケーション症	吃音
80.3：他の会話および言語の発達障害	特定不能のコミュニケーション症	特定不能のコミュニケーション障害
80.4：会話および言語の発達障害、特定不能のもの		
F81：学力の特異的発達障害	**限局性学習症**	**学習障害**
81.0：特異的読字障害	読字の障害を伴う	読字障害
81.1：特異的綴字障害	書字表出の障害を伴う	算数障害
81.2：特異的算数能力障害	算数の障害を伴う	書字表出障害
81.3：学力の混合性障害		特定不能の学習障害
81.8：他の学力の発達障害		
81.9：学力の発達障害、特定不能のもの		

ICD-10	DSM-5	DSM-IV-TR（参考）
F82：運動能力の特異的発達障害	運動症群	運動能力障害
	発達性協調運動症	発達性協調運動障害
	常同運動症	
	チック症群	
	トゥレット症	
	持続性運動または音声チック障害	
	暫定的チック症	
	他の特定されるチック症	
	特定不能のチック症	
F83：混合性特異的発達障害		
F84：広汎性発達障害	自閉スペクトラム症	広汎性発達障害
84.0：小児自閉症		自閉性障害
84.1：非定型自閉症		レット障害
84.2：レット症候群		小児期崩壊性障害
84.3：他の小児期崩壊性障害		アスペルガー障害
84.4：精神遅滞および常同運動に関連した過動性障害		特定不能の広汎性発達障害
84.5：アスペルガー症候群		
84.8：他の広汎性発達障害		
84.9：広汎性発達障害、特定不能なもの		
F88：他の心理的発達の障害		
F89：特定不能の心理的発達障害		
F9：小児期および青年期に通常発症する行動および情緒の障害		
F90：多動性障害	注意欠如・多動症	注意欠如および破壊的行動障害
90.0：活動性および注意の障害	混合して存在	注意欠如・多動性障害
90.1：多動性行為障害	不注意優勢に存在	混合型
90.8：他の多動性障害	多動・衝動優勢に存在	不注意優勢型
90.9：多動性障害、特定不能のもの	他の特定される注意欠如・多動症	多動性ー衝動性優勢型
	特定不能の注意欠如・多動症	特定不能の注意欠如・多動性障害

ICD-10	DSM-5	DSM-IV-TR（参考）
F91：行為障害	**他の分類へ（秩序破壊的・衝動制御・素行症群）**	**←素行障害**
91.0：家庭内に限られる行為障害		小児期発症型
91.1：非社会性行為障害		青年期発症型
91.2：社会性行為障害		発症年齢特定不能
91.3：反抗挑戦性障害		**反抗挑戦性障害**
91.8：他の行為障害		**特定不能の破壊的行動障害**
91.9：行為障害、特定不能のもの		
F92：行為および情緒の混合性障害		
92.0：抑うつ性行為障害		
92.8：他の行為および情緒の混合性障害		
92.9：行為および情緒の混合性障害、特定不能のもの		
F93：小児期に特異的に発症する情緒障害		
93.0：小児期の分離不安障害		
93.1：小児期の恐怖性不安障害		
93.2：小児期の社会性不安障害		
93.3：同胞葛藤性障害		
93.8：他の小児期の情緒障害		
93.9：小児期の情緒障害、特定不能のもの		
F94：小児期および青年期に特異的に発症する社会的機能の障害		**幼児期、小児期、または青年期の他の障害**
94.0：選択性緘黙		
94.1：小児期の反応性愛着障害	**他の分類へ（不安症群）**	**←分離不安障害**
94.2：小児期の脱抑制性愛着障害		**選択性緘黙**
		幼児期または小児期早期の反応
94.8：他の小児期の社会的機能の障害		

ICD-10	DSM-5	DSM-IV-TR（参考）
94.9：小児期の社会的機能の障害、特定不能のもの		**性愛着障害** **常同運動障害** **特定不能の幼児期、小児期または青年期の障害**
F95：チック障害		
95.0：一過性チック障害		
95.1：慢性運動性あるいは音声チック障害		
95.2：音声および多発運動性の合併したチック障害(ド・ラ・トゥーレット症候群)	運動症群へ編入	**←チック障害** トゥレット障害 慢性運動性または音声チック障害 一過性チック障害 特定不能のチック障害
95.8：他のチック障害		
95.9：チック障害、特定不能のもの		
F98：通常小児期および青年期に発症する他の行動および情緒の障害		
98.0：非器質性遺尿症	他の分類へ（排泄障害）	**←排泄障害** 遺糞症 便秘と溢流性失禁を伴う 便秘と溢流性失禁を伴わない 遺尿症
98.1：非器質性遺糞症		
98.2：幼児期および小児期の哺育障害		
98.3：幼児期および小児期の異食症	他の分類へ（摂食障害）	**←幼児期または小児期早期の哺育、摂食障害** 異食症 反芻性障害 幼児期または小児期早期の哺育障害
98.4：常同性運動障害		
98.5：吃音		
98.6：早口言語症		
98.8：他の小児期および青年期に通常発症する特定の行動および情緒の障害		
98.9：小児期および青年期に通常発症する特定の行動および情緒の障害		
F99：特定不能の精神障害		

◎参考引用文献：ICD-10DCR研究用診断基準（医学書院）1994、DSM-5精神疾患の分類と診断の手引（医学書院）2014、DSM-Ⅳ-TR精神疾患の分類と診断の手引（医学書院）2003

（市川宏伸）

Ⅱ　発達障害者支援センター

2015年5月現在

所在地	センター名称・HPのURL・住所・電話番号	
北海道	**北海道発達障害者支援センター「あおいそら」** 〒041-0802　北海道函館市石川町90番7号	http://www.yuai.jp/aoisora/ Tel : 0138-46-0851
	北海道発達障害者支援道東地域センター「きら星」 〒080-2475　帯広市西25条南4-9　地域交流ホーム「虹」内	http://www18.ocn.ne.jp/~obi_fuku/ Tel : 0155-38-8751
	北海道発達障害者支援道北地域センター「きたのまち」 〒078-8329　旭川市宮前通東4155-30 旭川市障害者福祉センター　おぴった1F	http://www1.ocn.ne.jp/~kitamaci/development/index.html Tel : 0166-38-1001
札幌市	**札幌市自閉症・発達障がい支援センター「おがる」** 〒007-0820　札幌市東区東雁来12条4-1-5	http://www.harunire.or.jp/ogaru/index.html Tel : 011-790-1616
青森県	**青森県発達障害者支援センター「ステップ」** 〒030-0822　青森市中央三丁目20-30 県民福祉プラザ3階	http://www16.ocn.ne.jp/~aoshien/ Tel : 017-777-8201
岩手県	**岩手県発達障がい者支援センター「ウィズ」** 〒020-0401　岩手県盛岡市手代森6-10-6 岩手県立療育センター相談支援部内	http://www.i-ryouiku.jp/hattatu.html Tel : 019-601-2115
宮城県	**宮城県発達障害者支援センター「えくぼ」** 〒981-3213　宮城県仙台市泉区南中山5-2-1	http://ekubo.blog.ocn.ne.jp/ Tel : 022-376-5306
仙台市	**仙台市北部発達相談支援センター「北部アーチル」** 〒981-3133　仙台市泉区泉中央2丁目24-1	http://www.city.sendai.jp/kenkou/hattatsu/gaiyou/index.html Tel : 022-375-0110
	仙台市南部発達相談支援センター「南部アーチル」 〒982-0012　仙台市太白区長町南3-1-30	Tel : 022-247-3801
秋田県	**秋田県発達障害者支援センター「ふきのとう秋田」** 〒010-1407　秋田市上北手百崎字諏訪ノ沢3-128　秋田県立医療療育センター内	http://www.airc.or.jp/fukinotou/f-top.html Tel : 018-823-7722
山形県	**山形県発達障がい者支援センター** 〒999-3145　山形県上山市河崎3丁目7番1号	http://www.pref.yamagata.jp/ou/kenkofukushi/091007/yddc.html Tel : 023-673-3314
福島県	**福島県発達障がい者支援センター** 〒963-8041　郡山市富田町字上の台4-1 福島県総合療育センター母子棟2F	http://www.pref.fukushima.jp/shinshin/hattatsu/ Tel : 024-951-0352
茨城県	**茨城県発達障害者支援センター** 〒311-3157　茨城県東茨城郡茨城町小幡北山2766-37	http://www.pref.ibaraki.jp/bukyoku/hoken/shofuku/c/c-4-1.htm#hattatu Tel : 029-219-1222
栃木県	**栃木県発達障害者支援センター「ふぉーゆう」** 〒320-8503　栃木県宇都宮市駒生町3337-1	http://hattatsu.pref.tochigi.jp/index.htm Tel : 028-623-6111
群馬県	**群馬県発達障害者支援センター** 〒371-0843　群馬県前橋市新前橋町13-12　群馬県社会福祉総合センター7階	http://www.pref.gunma.jp/03/p10710001.html Tel : 027-254-5380
埼玉県	**埼玉県発達障害者支援センター「まほろば」** 〒350-0813　埼玉県川越市平塚新田東河原201-2番地	http://www10.ocn.ne.jp/~mahoroba/ Tel : 049-239-3553
さいたま市	**さいたま市発達障害者支援センター** 〒338-0013　さいたま市中央区鈴谷7-5-7　さいたま市障害者総合支援センター内1階	http://www.city.saitama.jp/www/contents/1251183382637/index.html Tel : 043-227-8557
千葉県	**千葉県発達障害者支援センター「CAS(キャス)」** 〒260-0856　千葉市中央区亥鼻2-9-3	http://www5e.biglobe.ne.jp/~cas-cas/ Tel : 043-227-8557
我孫子市	**千葉県発達障害者支援センター「CAS東葛飾」** 〒270-1151　我孫子市本町3-1-2　けやきプラザ4階	Tel : 04-7165-2515
千葉市	**千葉市発達障害者支援センター** 〒261-0003　千葉市美浜区高浜4-8-3	http://www.shafuku-chiba.jp/hattatu Tel : 043-303-6088
東京都	**東京都発達障害者支援センター「TOSCA(トスカ)」** 〒156-0055　東京都世田谷区船橋1-30-9	http://www.tosca-net.com/ Tel : 03-3426-2318
神奈川県	**神奈川県発達障害支援センター「かながわA(エース)」** 〒259-0157　神奈川県足柄上郡中井町境218	http://www.pref.kanagawa.jp/cnt/f984/ Tel : 0465-81-3717
横浜市	**横浜市発達障害者支援センター** 〒221-0835　横浜市神奈川区鶴屋町3-35-8 タクエービル7階	http://www.yamabikonosato.jp/support_center.php Tel : 045-290-8448
川崎市	**川崎市発達相談支援センター** 〒210-0006　川崎市川崎区砂子1-7-5 タカシゲビル3階	http://www3.ocn.ne.jp/~viento/index.htm Tel : 044-223-3304
相模原市	**相模原市立陽光園療育相談室** 〒252-0226　相模原市中央区陽光台3-19-2	Tel : 042-756-8410

所在地	センター名称・HPのURL・住所・電話番号	
新潟県	**新潟県発達障がい支援センター「RISE（ライズ）」** 〒951-8121　新潟市水道町1-5932	http://www.niigata-rise.net/ Tel : 025-266-7033
新潟市	**新潟市発達障がい支援センター「JOIN」** 〒951-8121　新潟市中央区水道町1-5932-621	http://www6.ocn.ne.jp/~join/index.html Tel : 025-234-5340
富山県	**富山県自閉症・発達障害支援センター「あおぞら」** 〒931-8443　富山市下飯野36番地	http://www.aozora-toyama.jp/ Tel : 076-438-8415
	富山県発達障害支援センター「ありそ」 〒930-0143　富山市西金屋6682（めひの野園　うさか寮内）	http://www.tym-ariso.org/ Tel : 076-436-7255
石川県	**発達障害支援センター「パース」** 〒920-3123　石川県金沢市福久東1-56　オフィスオーセド2F	http://www6.ocn.ne.jp/~path/ Tel : 076-257-5551
	石川県発達障害支援センター 〒920-8201　金沢市鞍月東2丁目6番地（石川県こころの健康センター内）	http://www.pref.ishikawa.lg.jp/fukusi/kokoro-home/hattatu/top.html Tel : 076-238-5557
福井県	**福井県発達障害児者支援センター「スクラム福井」嶺南（敦賀）** 〒914-0144　福井県敦賀市桜ヶ丘町8-6　野坂の郷内	http://scrum-fukui.com/index.html Tel : 0770-21-2346
	福井県発達障害児者支援センター「スクラム福井」福井 〒910-005　福井市大手3-7-2　繊協ビル2階	http://scrum-fukui.com/index.html Tel : 0776-22-0370
	福井県発達障害児者支援センター「スクラム福井」奥越（大野） 〒912-0061　大野市篠座79-53　希望園内	http://scrum-fukui.com/index.html Tel : 0779-66-21133
山梨県	**山梨県立こころの発達総合支援センター** 〒400-0005　山梨県甲府市北新1-2-12 山梨県福祉プラザ4階	http://www.pref.yamanashi.jp/kokoro-hattatsu/index.html Tel : 055-254-8631
長野県	**長野県発達障がい者支援センター** 〒380-0928　長野市若里7-1-7	http://www.pref.nagano.lg.jp/xeisei/withyou/index.htm Tel : 026-227-1810
岐阜県	**岐阜県発達支援センター「のぞみ」** 〒502-0854　岐阜市鷺山向井2563-57 希望が丘学園内	http://www.pref.gifu.lg.jp/kenko-fukushi/fukushi/shogai/hattatsu-nozomi/ Tel : 058-233-5116
	伊自良苑地域生活支援センター 〒501-2122　岐阜県山県市藤倉84	http://www.douhoukai.com/08_guide.html Tel :0581-36-2175
静岡県	**静岡県発達障害者支援センター（診療所あいら）** 〒422-8031　静岡市駿河区有明町2-20	http://www.pref.shizuoka.jp/kousei/ko-810/sogo/index.html Tel : 054-286-9038
静岡市	**静岡市発達障害者支援センター「きらり」** 〒422-8006　静岡市駿河区曲金5-3-30	http://www.shssc.jp/index.htm Tel : 054-285-1124
浜松市	**浜松市発達相談支援センター「ルピロ」** 〒432-8023　静岡県浜松市中区鴨江2-11-1	http://park19.wakwak.com/~rupiro/index.html Tel : 053-586-8800
愛知県	**あいち発達障害者支援センター** 〒480-0392　愛知県春日井市神屋町713-8	http://www.pref.aichi.jp/hsc/asca/index.htm Tel : 0568-88-0811
名古屋市	**名古屋市発達障害者支援センター「りんくす名古屋」** 〒466-0827　名古屋市昭和区川名山町6-4	http://www.city.nagoya.jp/kurashi/category/22-5-2-0-0-0-0-0-0-0.html Tel : 052-832-6172
三重県	**三重県自閉症・発達障害支援センター「れんげ」** 〒519-2703　三重県度会郡大紀町滝原1195-1	http://www.ma.mctv.ne.jp/~rensan/senter2.htm Tel : 059-234-6527
	三重県自閉症・発達障害支援センター「あさけ」 〒510-1326　三重県三重郡菰野町杉谷1573	http://asakegakuen.com/introduction.html#p_7_2 Tel : 0593-94-3412
滋賀県	**滋賀県発達障害者支援センター「南部センター」** 〒525-0072　滋賀県草津市笠山8丁目5-130　むれやま荘内	Tel : 077-561-2522
	滋賀県発達障害者支援センター「北部センター」 〒521-0016　米原市下多良2-47　平和堂米原店3階	http://www.kohokukai.or.jp/sisetu/newpage12.html Tel : 0749-65-2191
京都府	**京都府発達障害者支援センター「はばたき」** 〒610-0331　京都府京田辺市田辺茂ヶ谷186-1	http://www.kyoto-habataki.jp/ Tel : 0774-68-0645
京都市	**京都市発達障害者支援センター「かがやき」** 〒602-8144　京都市上京区丸太町通黒門東入藁屋町536-1	http://www.sogofukushi.jp/jigyo-kagayaki.htm Tel : 075-841-0375
大阪府	**大阪府発達障害者支援センター「アクトおおさか」** 〒532-0023　大阪市淀川区十三東3-18-12 イトウビル1階	http://homepage3.nifty.com/actosaka/ Tel : 06-6100-3003
大阪市	**大阪市発達障害者支援センター「エルムおおさか」** 〒547-0026　大阪市平野区喜連西6丁目2番55号	http://www16.ocn.ne.jp/~hattatsu/ Tel : 06-6797-6931
堺市	**堺市発達障害者支援センター** 〒593-8301　堺市西区上野芝町2-4-1 堺市立北こどもリハビリテーションセンター内	http://www.scswa.jp/12_hatutatu/12_hatutatu.html Tel : 072-276-7011

所在地	センター名称・HPのURL・住所・電話番号	
兵庫県	**ひょうご発達障害者支援センター「クローバー」** 〒671-0122　兵庫県高砂市北浜町北脇519	http://homepage3.nifty.com/auc-clover/ Tel : 0792-54-3601
	加西ブランチ 〒675-2202　兵庫県加西市野条86-93	Tel : 0790-48-4561
	芦屋ブランチ 〒659-0015　兵庫県芦屋市楠町16-5	Tel : 0797-22-5025
	豊岡ブランチ 〒654-0142　兵庫県神戸市須磨区友が丘1-1	Tel : 0796-37-8006
	宝塚ブランチ 〒665-0035　兵庫県宝塚市逆瀬川1丁目2-1　アピア14階	Tel : 0797-71-4300
	上郡ブランチ 〒678-1241　兵庫県赤穂郡上郡町山野里2749-35	Tel : 0791-56-6380
神戸市	**神戸市こども家庭センター発達障害ネットワーク推進室** 〒650-0044　神戸市中央区東川崎町1-3-1	http://www.city.kobe.jp/cityoffice/18/menu03/b/hattatsu_shougai/index.html Tel : 078-382-2760
奈良県	**奈良県発達障害者支援センター「でぃあ〜」** 〒630-8424　奈良市古市町1-2　奈良仔鹿園内	http://www5.kcn.ne.jp/~deardeer/ Tel : 0742-62-7746
和歌山県	**和歌山県発達障害者支援センター「ポラリス」** 〒641-0044　和歌山市今福3丁目5番41号	http://www.eonet.ne.jp/~aitoku/polaris/polaris.htm Tel : 073-413-3200
鳥取県	**「エール」発達障がい者支援センター** 〒682-0854　鳥取県倉吉市みどり町3564-1	http://www.pref.tottori.lg.jp/yell/ Tel : 0858-22-7208
島根県	**島根県東部発達障害者支援センター「ウィッシュ」** 〒699-0822　島根県出雲市神西沖町2534-2	http://sazanami-g.jp/wish/index.html Tel : 0853-43-2252
	島根県西部発達障害者支援センター「ウィンド」 〒697-0005　浜田市上府町イ2589「こくぶ学園」内	http://www.iwami-wind.org/ Tel : 0855-23-0208
岡山県	**おかやま発達障害者支援センター（本所）** 〒703-8555　岡山市北区祇園866	http://www.jidouin.jp/~asdshien/ Tel : 086-275-9277
	県北支所 〒708-8510　岡山県津山市田町31　津山教育事務所内	
	岡山市発達障害者支援センター 〒700-0905　岡山市北区春日町5-6　岡山市勤労者福祉センター1階	Tel : 086-236-0051
広島県	**広島県発達障害者支援センター** 〒739-0133　広島県東広島市西条町西条414-31　サポートオフィスQUEST内	http://www18.ocn.ne.jp/~h-scdd/index.htm Tel : 082-497-0131
広島市	**広島市発達障害者支援センター** 〒732-0052　広島市東区光町2丁目15-55	http://www.city.hiroshima.lg.jp/www/contents/0000000000000/1127216504633/ Tel : 082-568-7328
山口県	**山口県発達障害者支援センター「まっぷ」** 〒753-0302　山口市大字仁保中郷50番地	http://ynet.gr.jp/hiraki/center/ Tel : 083-929-5012
徳島県	**徳島県発達障がい者総合支援センター「ハナミズキ」** 〒773-0015　徳島県小松島市中田町新開2-2	http://our.pref.tokushima.jp/hattatsu/hanamizuki/ Tel : 0885-34-9001
香川県	**香川県発達障害者支援センター「アルプスかがわ」** 〒761-8057　香川県高松市田村町1114	http://www.kagawa-reha.net/alps.html Tel : 087-866-6001
愛媛県	**愛媛県発達障害者支援センター「あい♥ゆう」** 〒791-0212　愛媛県東温市田窪2135	http://www.pref.ehime.jp/h20123/kodomo-ryoiku/aiyu/index.html Tel : 089-955-5532
高知県	**高知県立療育福祉センター発達支援部** 〒780-8081　高知市若草町10-5	http://www.pref.kochi.lg.jp/soshiki/060302/ryouikuhukusi-hattatsushien-hattatsutop.html Tel : 088-844-1247
福岡県	**福岡県発達障害者支援センター「ゆう・もあ」** 〒825-0004　福岡県田川市夏吉4205-7	http://houtokukai.com/?page_id=73 Tel : 0947-46-9505
	福岡県発達障害者支援センター「あおぞら」 〒834-0122　福岡県八女郡広川町一条1363-1	http://www.aozora-center.com/ Tel : 0942-52-3455
福岡市	**福岡市発達障がい者支援センター「ゆうゆうセンター」** 〒810-0065　福岡市中央区地行浜2-1-6	http://www.fc-jigyoudan.org/youyou/ Tel : 092-845-0040
北九州市	**北九州市発達障害者支援センター「つばさ」** 〒802-0803　北九州市小倉南区春ヶ丘10-2	http://www.tsubasa.kitaq-src.jp/ Tel : 093-922-5523
佐賀県	**佐賀県発達障害支援センター「結」** 〒841-0073　佐賀県鳥栖市江島町字西谷3300-1	http://www.kumin.ne.jp/shienyui/ Tel : 0942-81-5728
長崎県	**長崎県発達障害者支援センター「しおさい（潮彩）」** 〒854-0071　長崎県諫早市永昌東町24-3	http://www.pref.nagasaki.jp/shiosai/1about.htm Tel : 0957-22-1802

所在地	センター名称・HPのURL・住所・電話番号	
熊本県	**熊本県北部発達障がい者支援センター「わっふる」** 〒869-1235　熊本県菊池郡大津町室213-6　さくらビル2階	Tel : 096-293-8189
	熊本県南部発達障がい者支援センター「わるつ」 〒866-0885　熊本県八代市永碇町297-1　森内ビル201号室	Tel : 0965-62-8839
	熊本市発達障がい者支援センター「みなわ」 〒862-0971　熊本市中央区大江5丁目1番1号　ウェルパルくまもと2F	Tel : 096-366-1919
大分県	**大分県発達障がい者支援センター「イコール」** 〒879-7304　大分県豊後大野市犬飼町大寒2149-1	http://www.moeginosato.net/ecoal.htm Tel : 097-586-8080
宮崎県	**宮崎県中央発達障害者支援センター** 〒889-1601　宮崎県宮崎郡清武町大字木原4257-7	http://www.m-sj.or.jp/contents/h-center/ Tel : 0985-85-7660
	宮崎県延岡発達障害者支援センター 〒889-0514　延岡市櫛津町3427-4　ひかり学園内	http://www.m-sj.or.jp/contents/h-center/ Tel : 0982-23-8560
	宮崎県都城発達障害者支援センター 〒885-0094　都城市都原7171　高千穂学園内	http://www.m-sj.or.jp/contents/h-center/ Tel : 0986-22-2633
鹿児島県	**鹿児島県発達障害者支援センター** 〒891-0175　鹿児島市桜ヶ丘6丁目12番	http://www.pref.kagoshima.jp/ae20/kenko-fukushi/syogai-syakai/chiteki/04007034.html Tel : 099-264-3720
沖縄県	**沖縄県発達障害者支援センター「がじゅま～る」** 〒904-2173　沖縄市比屋根5-2-17　沖縄小児発達センター内	http://www.okinawa-shoni.jp/menuIndex.jsp?id=15431&menuid=4961&funcid=28 Tel : 098-982-2113

Ⅲ　JDDネット加盟団体一覧

■正会員（19団体）

2015年5月現在

団体名	住所・電話番号・E-Mail・HPのURL		
NPO法人　アスペ・エルデの会	〒452-0821　愛知県名古屋市西区上小田井2-187　メゾンドボヌー小田井201号		Tel：052-505-5000
	info@as-japan.jp	http://www.as-japan.jp	
NPO法人　えじそんくらぶ	〒358-0003　埼玉県入間市豊岡1-1-1-924		Tel：042-962-8683
	info@e-club.jp	http://www.e-club.jp	
NPO法人　EDGE	〒105-0014　東京都港区芝3-6-5　第2佐山ビル4階		Tel：03-6435-0402
	edgewebinfo@npo-edge.jp	http://www.npo-edge.jp	
NPO法人　全国LD親の会	〒151-0053　東京都渋谷区代々木2-26-5　バロール代々木415		Tel：03-6276-8985
	jimukyoku@jpald.net	http://www.jpald.net	
一般社団法人　日本自閉症協会	〒104-0044　東京都中央区明石町6-22　築地ニッコンビル6F		Tel：03-3545-3380
	asj@autism.or.jp	http://www.autism.or.jp/	
一般社団法人　日本LD学会	〒108-0074　東京都港区高輪3-24-18　高輪エンパイヤビル8F		Tel：03-6721-6840
		http://www.jald.or.jp/	
一般社団法人　日本臨床心理士会	〒113-0033　東京都文京区本郷2-27-8　太陽館ビル401		Tel：03-3817-6801
	office@jsccp.jp	http://www.jsccp.jp/	
日本自閉症スペクトラム学会	〒273-0866　千葉県船橋市夏見台3-15-18		Tel：047-430-2010
	shikaku@autistic-spectrum.jp	http://www.autistic-spectrum.jp	
一般社団法人　日本作業療法士協会	〒111-0042　東京都台東区寿1-5-9　盛光伸光ビル7F		Tel：03-5826-7871
		http://www.jaot.or.jp/	
日本感覚統合学会	〒950-3198　新潟県新潟市北区島見町1398　新潟医療福祉大学　永井研究室内		Tel：025-257-4512
	si-office2007@si-japan.net	http://www.si-japan.net	
一般社団法人　臨床発達心理士認定運営機構　日本臨床発達心理士会	〒160-0023　東京都新宿区西新宿6-20-12　山口ビル8F		
	shikaku@jocdp.jp	http://www.jocdp.jp/	
一般社団法人　日本言語聴覚士協会	〒162-0814　東京都新宿区新小川町6-29　アクロポリス東京9F		
	jasweb@jaslht.or.jp	http://www.jaslht.or.jp/	
NPO法人　日本トゥレット協会	〒170-0005　東京都豊島区南大塚3丁目43-11　福祉財団ビル7F		Tel：03-6912-9625
	info@tourette-japan.org	http://tourette-japan.org/	
一般財団法人　特別支援教育士資格認定協会	〒108-0074　東京都港区高輪3-24-18　高輪エンパイヤビル8F		Tel：03-6721-6860
	office@sens.or.jp	http://www.sens.or.jp/	
NPO法人　つみきの会	〒673-0017　兵庫県明石市野々上一丁目16-8		Tel：078-928-6080
	gate@tsumiki.org	http://www.tsumiki.org	
公益社団法人　日本精神保健福祉士協会	〒160-0015　東京都新宿区大京町2-32-1　BLISS本郷ビル3F		Tel：03-5366-3152
	office@japsw.or.jp	http://www.japsw.or.jp/	
一般社団法人　学校心理士認定運営機構　日本学校心理士会	〒113-0033　東京都文京区本郷2-32-1　BLISS本郷ビル3F		Tel：03-3818-1554
	office@gakkoushinrishi.jp	http://gakkoushinrishi.jp	
TEACCHプログラム研究会	teacchjimukyoku2013@outlook.jp	http://www.teacchken.com/	
特定非営利活動法人　星槎教育研究所	〒162-0806　東京都新宿区榎町45番地　さくらビル2階		Tel：03-5225-6245
	tokyo@seisa.ed.jp	http://www.seisa.ed.jp/npo/	

■エリア会員（44団体）

2015年5月現在

団体名	住所・電話番号　HPのURL　E-mailアドレス		都道府県
NPO法人　ハーモニー	http://harmony.gr.jp/	npo-harmo@ybb.ne.jp	北海道
北海道高機能広汎性発達障害児者親の会「ドンマイの会」	http://www5f.biglobe.ne.jp/^donmai/	donmai1115asa@hotmail.com	北海道
北海道発達障害者支援センター　あおいそら	〒041-0802　北海道函館市石川町90-7	http://www.yuai.jp/aoisora/	北海道
アスペルガー基地 みらい	〒004-0071　北海道札幌市厚別区厚別北1条1丁目15-6	Tel : 011-893-2227	北海道
シエルの会		http://ciel.sunnyday.jp/	宮城県
認定NPO法人　みやぎ発達障害サポートネット	〒980-0013　宮城県仙台市花京院1-4-1	Tel : 022-265-5581 http://mddsnet.jp/	宮城県
発達支援ひろがりネット	〒980-0811　宮城県仙台市青葉区一番町4-1-3　市民活動サポートセンター(レターケース117番) http://blog.canpan.info/haxtutatusien	hirogare@hotmail.co.jp	宮城県
一般社団法人　ぶれいん・ゆに～くす	〒980-0084　宮城県仙台市青葉区大町2-6-27 岡元ビル3階 http://brainuniques.com	Tel : 022-263-1402 brainuniques@yahoo.co.jp	埼玉県
NPO法人　リヴォルヴ学校教育研究所	http://www.rise.gr.jp/	Tel : 029-856-8143 rise@cure.ocn.ne.jp	茨城県
NPO法人　おひさまクラブ	〒328-0075　栃木県栃木市箱森町25-59　齋藤弘光様方 http://homepage3.nifty.com/ohisama/	Tel : 0282-24-8065 hy-saitoh@cc9.ne.jp	栃木県
所沢・軽度発達障害児を支援する会「よつばくらぶ」	http://homepage2.nifty.com/yotsubaclub/	yotsubaclub@hotmail.co.jp	埼玉県
狭山フレンズ	〒350-1308 埼玉県狭山市中央3-8-2	http://www.geocities.jp/friends_sayama/	埼玉県
特定非営利活動法人　繭	〒335-0022　埼玉県戸田市上戸田3-25-5　細井マンション1F http://mayu.or.jp/	Tel : 048-431-3422 otoiawase@mayu.or.jp	埼玉県
特定非営利活動法人　自閉症サポートセンター（社会福祉法人青葉会）	〒277-0827　千葉県柏市松葉町6-11-8 http://homepage3.nifty.com/is-pegasus/	Tel : 04-7105-7299 js-center@jcom.home.ne.jp	千葉県
NPO法人　発達障害支援ネット「YELL」	http://www7b.biglobe.ne.jp/˜ackenkyu/yell/	info@siennet-yell.com	千葉県
一般社団法人　発達・精神サポートネットワーク	〒162-0051　東京都新宿区西早稲田2-18-21　ハシバビル301 http://neccocafe.com/	necco@live.jp	東京都
らっこの会　東村山困っている子ども達を応援する親の会	〒189-0023　東京都東村山市美住町1-3-3-101	Tel : 080-5677-8635 hba42470@gmail.com	東京都
NPO法人　リソースセンターone	〒111-0054　東京都台東区鳥越2-2-15　鳥崎ISビル2F http://www.r-c-one.com/	Tel ; 03-5829-9398 r-one@mtg.biglobe.ne.jp	東京都
NPO法人　I am OKの会	http://iamok.seesaa.net/	oknokai2004@yahoo.co.jp	東京都
IJの会	http://www.geocities.jp/ij_no_kai	suzkey@jcom.home.ne.jp	東京都
一般社団法人　こども家族早期発達支援学会	〒191-0352　東京都八王子市大塚91-6 http://kodomokazoku.jp/	Tel : 042-682-5708 star@kodomokazoku.jp	東京都
NPO発達障害の会　神奈川オアシス		http://www.rak2.jp/town/user/oasisuculub/	神奈川県
NPO法人 あではで神奈川	http://www.adehade.com	adhd@d04.itscom.net	神奈川県

団体名	住所・電話番号　HPのURL	E-mailアドレス	都道府県
NPO法人　フトゥーロ　LD発達相談センターかながわ			神奈川県
	〒226-0025　神奈川県横浜市緑区十日市場町803-2		
	http://www.futuro.or.jp	ldcenter@futuro.or.jp	
NPO法人 アスペの会石川	〒920-0865　石川県金沢市長町1-4-11		石川県
	http://aspe.vis.ne.jp/	kanazawa-asupe@abeam.ocn.ne.jp	
発達障害児·者及び家族支援の会シーズ			長野県
	〒393-0081　長野県諏訪郡下諏訪町社東町14-8	Tel : 0266-75-0788	
	http://www.seeds2008.org/	info@seeds2008.org	
NPO法人　四日市·子ども発達支援センター			三重県
	http://www16.plala.or.jp/kodomo-yokkaichi/	y_kodomo@siencenter.sakura.ne.jp	
滋賀LD教育研究会	http://shigald.web.fc2.com/	shiga.ld.ken@gmail.com	滋賀県
ONLY ONEの会	〒612-8213　京都府京都市伏見区東浜南町670-4　ペルル伏見桃山Ⅱ-112号　中川様方		京都府
	http://www.only1-kyoto.net/	info@only1-kyoto.net	
NPO法人 ノンラベル	〒601-8201　京都府京都市南区久世川原町115番地	Tel : 075-921-3338	京都府
	http://nonlabel.net/	non-label@mist.ocn.ne.jp	
アルクラブ	http://alclub.jpn.org/		大阪府
NPO法人 ピュアコスモ	〒673-0044　兵庫県明石市藤江1207-14	Tel : 078-862-3800	兵庫県
	http://purecosmo.com/	npopurec@gmail.com	
NPO法人 あっと オーティズム	http://happy-autism.com	world.happy.mamas@gmail.com	兵庫県
奈良県高機能自閉症児·者の会「アスカ」			奈良県
	〒639-2312　奈良県御所市櫛羅2070-4	Tel : 090-6670-8892	
	http://www.geocities.jp/spectrum_asuka/	snow_drop@nike.eonet.ne.jp	
岡山県高機能広汎性発達障害児・者の親の会（アリスの会）		itaminch@nifty.com	岡山県
ラヴミントの会	http://geocities.co.jp/okayamalovemint/	lovemint2002@hotmail.com	岡山県
NPO法人 ナチュラルビレッジ	http://www12.plala.or.jp/n-v/	n-v@agate.plala.or.jp	広島県
NPO法人 エルマーの会	http://www.sky.icn-tv.ne.jp/~eruma/	eruma023@sky.icn-tv.ne.jp	山口県
NPO法人 シンフォニーネット	〒750-0063　山口県下関市新地2-13	Tel : 083-250-9140	山口県
	http://sympho.jp/	symphony-net13@ybb.ne.jp	
社会福祉法人 来島会	〒794-0028　愛媛県今治市北宝来町2丁目2-12	http://www.kurushimakai.jp/	愛媛県
ダンボクラブ(愛媛県高機能自閉症·アスペルガー症候群親の会)			愛媛県
	http://normanet.ne.jp/~danbohp	junjun1102@jt7.so-net.ne.jp	
NPO法人　自閉症くらし応援舎TOUCH			福岡県
	http://www.npotouch.jp/	npotouch@ybb.ne.jp	
NPO法人 それいゆ	〒849-0937　佐賀県佐賀市鍋島1丁目9番2号		佐賀県
	http://npo.autism-soreiyu.com/	info@autism-soreiyu.com	
きなっせ!九州	http://www.kinasse.org/		熊本県

※注：エリア会員については、住所等の情報公開が困難な団体もあるため、URLか公開可能なE-mailのみ掲載しています。

Ⅳ インターネット等で得られる各種情報

1. 発達障害関係の総合情報

名　称／URL	対象	データ提供元
◆発達障害情報センター	発達障害全般	発達障害情報センター
http://www.rehab.go.jp/ddis/index.php?action=pages_view_main 厚生労働省管轄の発達障害関係の情報センター。国立障害者リハビリテーションセンターが運営		
◆発達障害教育情報センター	発達障害全般	発達障害教育情報センター
http://icedd.nise.go.jp/ 文部科学省管轄の発達障害関係の情報センター。国立特別支援教育総合研究所が運営		

2. 発達障害を理解する

名　称／URL	対象	データ提供元
◆発達障害の理解のために　印刷版（PDF） http://www.mhlw.go.jp/bunya/shougaihoken/pdf/02.pdf	発達障害全般	厚生労働省
◆自閉症の手引き http://www.autism.or.jp/autism05/rainman20040508.pdf	自閉症	日本自閉症協会
◆我が家の光くん（マンガ） http://www.autism.or.jp/autism05/comics.htm	自閉症	日本自閉症協会
◆「LD（学習障害）とは？」 http://www.jpald.net/whatld.html	LD	NPO法人全国LD親の会
◆キミはキミのままでいい http://www.npo-edge.jp/wp-content/uploads/2009/09/Book_YouareGood.pdf	ディスレクシア	NPO法人EDGE
◆AD/HDの理解と支援のためのリーフレット「実力を出しきれない子どもたち」改訂版 http://www.e-club.jp/	ADHD	NPO法人えじそんくらぶ
◆青年期以降のADHDの理解と支援の冊子「～大人のADHDストーリー～ ADHDという名の贈り物」 http://www.e-club.jp/	ADHD（青年期）	NPO法人えじそんくらぶ

3. チェックリスト

名　称／URL	対象	データ提供元
◆児童生徒理解に関するチェック･リスト(LD、ADHD、高機能広範性発達障害)	LD、ADHD、高機能広範性発達障害	滋賀県教育委員会
http://www.shiga-ec.ed.jp/soudan/sanko/pdf/guidebook.pdf 文部科学省が2002年に行った全国的な実態調査の調査項目		
◆軽度発達障害児に対する気づきと支援のマニュアル	発達障害全般	厚生労働省のHP
http://www.mhlw.go.jp/bunya/kodomo/boshi-hoken07/index.html 厚生労働科学研究の研究班によるマニュアル。実用的な質問項目のリスト、問診票などが含まれている		
◆LD児等の行動兆候チェックリスト	小中学生	千葉県総合教育センター
http://www.ice.or.jp/~i-tokubetu/ldcheck/listfiles.html 子どもの行動をチェックすることで、特別な教育的ニーズを持つ子どもの傾向を知ることができるように作成したもの（障害を診断するものではない）		

4. 診断基準・定義

名　称／URL	対象	データ提供元
◆**DSM－IV** http://www.autism.or.jp/autism05/handan.htm	自閉症	日本自閉症協会
◆**ADHDの診断基準（ICD－10）** http://www.e-club.jp/adhd/adhd_basic/75.html	ADHD	NPO法人えじそんくらぶ
◆**ICD-10（F）精神及び行動の障害（F00-F99）** http://www.hosp.go.jp/~kamo/psy/icd-10f.htm	発達障害全般を含む精神及び行動の障害	独立行政法人国立病院機構 賀茂精神医療センター
◆**文部科学省の定義** http://www.mext.go.jp/a_menu/shotou/tokubetu/004/008/001.htm	自閉症、高機能自閉症、LD、ADHD	文部科学省のHP
◆**「国際生活機能分類－国際障害分類改訂版－ICF（日本語版）（International Classification of Functioning, Disability and Health）」** http://www.mhlw.go.jp/houdou/2002/08/h0805-1.html	障害全般	厚生労働省

5. マニュアル・リーフレット・ガイドライン等

名　称／URL	対象	データ提供元
◆**小・中学校におけるLD(学習障害)、ADHD(注意欠陥／多動性障害)、高機能自閉症の児童生徒への教育支援体制の整備のためのガイドライン(試案)** http://www.mext.go.jp/a_menu/shotou/tokubetu/material/1298152.htm	小・中学校関係者向け、保護者・本人向け	文部科学省
◆**「生徒指導リーフ　Leaf.3　発達障害と生徒指導」** hhttp://www.nier.go.jp/shido/leaf/	小・中学校関係者向け、保護者・本人向け	国立教育政策研究所
◆**中学校・高等学校における発達障害の子どもたちへの支援ガイドブック** http://www.shiga-ec.ed.jp/soudan/kyouikusoudan.htm	中・高教員向け	滋賀県教育委員会
◆**高等学校におけるLD、ADHD、高機能自閉症等のある生徒の理解と支援のために** http://www.osaka-c.ed.jp/tokushiken/5ri-furetto/koukourikaitoshien.pdf	高等学校	大阪府教育委員会
◆**発達障害のある学生支援ガイドブック：確かな学びと充実した生活をめざして** http://www.nise.go.jp/kenshuka/josa/kankobutsu/pub_b/b-186.html	大学	国立特別支援教育総合研究所
◆**知的障害、発達障害、精神障害のある方とのコミュニケーションハンドブック** http://www.mlit.go.jp/common/000043355.pdf	一般向け	国土交通省
◆**発達障害者地域支援マニュアル** http://www.pref.ibaraki.jp/bukyoku/hoken/shofuku/shofuku.htm	発達障害者の支援等に関わる人向け	茨城県　保健福祉部　障害福祉課
◆**一般臨床医のための発達障害への対応マニュアル** hhttp://www.kagoshima.med.or.jp/people/osirase/seisinn/hattatu.pdf	臨床医向け	鹿児島県医師会
◆**子育てママを応援します!～子育てストレスを減らす3つのヒント～** http://www.e-club.jp/	保護者向け	NPO法人えじそんくらぶ
◆**発達障害児のためのサポートツール(教材・教具)データベース** http://www.jpald.net/research/tool.html	小中学校、教員・保護者向け	NPO法人全国LD親の会

編集後記

2005年4月に発達障害者支援法が施行され、2006年にLD、ADHDが通級による指導の対象に加わり、2007年には特別支援教育が制度としてスタートしました。この間厚生労働省や文部科学省を中心に、発達障害者に対する各種の支援事業が開始されました。また、2010年には発達障害が障害者自立支援法の対象として明記され、2011年7月には発達障害が障害者基本法の対象として書き込まれました。このように、ここ数年で発達障害に対する理解や支援は、10年前には想像もできなかったほど、格段の進展を遂げました。

しかし、発達障害に対する国や地方公共団体による取り組みは始まったばかりで、質・量ともにまだまだ十分な状況ではありません。また、地域により取り組みにバラツキがあります。各種の障害者支援サービスについても利用できるもの、利用できないものがあり、分かりにくい状況になっています。

このような状況から、発達障害のあるお子さんをお持ちの保護者や関係者の方から、「どこに相談したらよいのでしょうか？」「どのような支援が受けられますか?」「親の会があれば教えてほしい」等のご質問を受けることが多くなってきました。このような質問にお応えし、支援制度を探したり、利用したりする際の参考にしていただけるガイドブックを作れないかと考え、支援制度を整理し、当事者の保護者の視点で作るというコンセプトで、アドバイスや体験談を織り込み、2008年4月に無料のガイドブックとして発行・配布し、2008年12月には、内容を大幅に拡充し、増補版として発刊しました。

幸いこのカイドブックが好評で、各所で活用いただいておりますが、発行から3年以上経ち変更が必要な個所が多数出てきたことから、今回、全面的に見直しし、一部内容を追加して、「新版」として改訂版を出すことにしました。

このガイドブックが、多くの保護者や関係者に活用されることを願っています。

末筆ながら、改定にあたり、見直し作業や資料作成にご協力いただいた編集委員や事務局の方々、執筆協力いただいた先生、原稿を提供いただいた親の会の会員の方々に、改めて御礼もうしあげます。

2012年6月

編集委員を代表して

山岡　修

改訂版　編集後記

2012年6月に新版を発行して1年半後、「障害者の権利に関する条約」が2014年1月20日に締結されました。この条約の締結に向けて、2012年6月に障害者総合支援法、2013年6月に障害者差別解消法、障害者雇用促進法が、次々と成立もしくは改正され、また子ども・子育て支援法も成立し、保健・教育・福祉・医療などさまざまな領域で支援の拡充や質の向上が進められています。

このような状況の中、本来ならこのガイドブックもさまざまな領域の支援者の方々や親の会の会員の方々に多くの時間を費やして原稿依頼・編集を行わなければならないところですが、多くの方々にご活用いただき在庫不足となっており、今回は直ぐに保護者や関係者の皆さんにお手元に届くよう必要最低限の改訂のみを行いました。

2015年6月
小林　真理子

監修　山岡　修　一般社団法人　日本発達障害ネットワーク・副理事長

編集委員　岡田　宏子　NPO法人アスペ・エルデの会　ペアレントメンター担当
沼田　夏子　新潟県いなほの会－発達障害児者親の会・会長
森野　勝代　「にんじん村〔LD親の会（東京）〕」
山岡　修　一般社団法人　日本発達障害ネットワーク・副理事長

執筆協力　上野　一彦　東京学芸大学名誉教授・一般社団法人日本LD学会理事長
日詰　正文　長野県健康福祉部健康長寿課精神保健係・JDDネット理事

改訂版作成　小林　真理子　山梨県都留児童相談所・所長・JDDネット理事

改訂版・発達障害児のための支援制度ガイドブック

2015年8月10日　第1版第1刷発行

※定価は表紙に表示してあります。

編者　一般社団法人　日本発達障害ネットワーク（JDDネット）
〒105-0013　東京都港区浜松町1-12-14　昭和アステック5号館5F
電話：03-5733-6855　FAX：03-5733-6856
Email：office@jddnet.jp　URL：http://jddnet.jp/

発行　有限会社　唯学書房
〒101-0061　東京都千代田区三崎町2-6-9　三栄ビル302
電話：03-3237-7073　FAX：03-5215-1953
Email：yuigaku@atlas.plala.or.jp
URL：http://www.yuigaku.com/

発売　有限会社　アジール・プロダクション

本文デザイン・DTP　新西聡明（新西デザイン事務所）
表紙デザイン・イラスト　エーディーウェーブ株式会社

印刷・製本　中央精版印刷株式会社

ISBN 978-4-902225-97-6 C0037